商务精英都在用的礼仪

王佩仪 著

中华工商联合出版社

图书在版编目（CIP）数据

商务精英都在用的礼仪 / 王佩仪著 . — 北京：中华工商联合出版社，2021.12（2022.8 重印）

ISBN 978-7-5158-3178-7

Ⅰ．①商… Ⅱ．①王… Ⅲ．①商务－礼仪 Ⅳ．①F718

中国版本图书馆 CIP 数据核字（2021）第 206632 号

商务精英都在用的礼仪

作　　者：	王佩仪
出 品 人：	李　梁
图书策划：	蓝色畅想
责任编辑：	吴建新
装帧设计：	胡椒书衣
责任审读：	郭敬梅
责任印制：	迈致红
出版发行：	中华工商联合出版社有限责任公司
印　　刷：	北京市兆成印刷有限责任公司
版　　次：	2022年1月第1版
印　　次：	2022年8月第2次印刷
开　　本：	710mm×1000mm　1/16
字　　数：	190千字
印　　张：	14
书　　号：	ISBN 978-7-5158-3178-7
定　　价：	56.00元

服务热线：010-58301130-0（前台）

销售热线：010-58302977（网店部）
　　　　　010-58302166（门店部）
　　　　　010-58302837（馆配部、新媒体部）
　　　　　010-58302813（团购部）

地址邮编：北京市西城区西环广场A座
　　　　　19-20层，100044

http://www.chgscbs.cn

投稿热线：010-58302907（总编室）

投稿邮箱：1621239583@qq.com

工商联版图书
版权所有　盗版必究

凡本社图书出现印装质量问题，请与印务部联系。

联系电话：010-58302915

前　言

"礼者，敬人也，仪者，形式也。"礼仪，从社会学的角度来说，其本质是一种人类活动。在此前提下，商务礼仪的本质，是在商务场景下表达规范和尊敬的一种活动，它体现了人与企业的修养与文明。

什么是修养？真正的修养是让人感到舒服、愉悦、自在，是第一次见他就喜欢，还想再次见到他。其背后的原因，是他与人为善，待人诚恳，尊重他人，自尊自爱。

修养有三个层次。

第一，净。也称为形式美。礼仪的外在表现就是形式美，比如，一个人要站有站相、坐有坐相。如果一个人含胸驼背，形象就会大打折扣；一个人站姿不端正，自信就会大大折扣；一个人坐姿松懈，威严就会大打折扣。体态优雅，干净整齐，会让一个人的气质大幅提升。

第二，敬。表里如一，相由心生。尊重不能只通过一时的言行举止表现，要发自肺腑地表达诚意。比如，客人光临时微笑迎客，客人离开时就不再微笑，这是不可取的。

第三，静。静而能定，定能生慧。人静了才能把控自己的内心，简单来说，静就是平常心。个人的生活和情感都需要静，人最大的故人其实是自己。人虽然是情绪化动物，但是人需要理性，学会理性是成长的必要过程。

"君子务本，本立而道生。"智慧、涵养、修为、德性就是礼仪的本，外在的涵养就是礼仪的道。比如，一个文质彬彬的人会更受欢迎，因为他给人的感觉是特别有涵养、特别舒服的。而另一种，虽然看起来长得漂亮，但是说话、做事毫无内涵，就会让人不愿意接触。一个人真正的魅力是他的内在，智慧、涵养、德性、修为，可以不断赋能于人。谈笑间就能让人受到启发，让人有收获的，才是我们真正应该推崇的人。

那么，礼仪中的基本原则是什么呢？《礼记》中说："礼，时为大，顺次之，体次之，宜次之，称次之。"

时为大。礼仪是应该与时俱进的。礼仪既有传统的，也有现代的。我们提倡走向世界，但是如果没有传统文化，就没有立足世界的根基；如果只有传统文化，就不能融入国际社会。因此，对礼仪来说，时代背景是最重要的。

顺次之。礼仪是应该顺应特定环境的，顺应民族、国家的环境。比如，大多数西方国家在公共场合中讲究女士优先，但是有的国家却不是这样。入乡随俗，就是顺。不能想说什么说什么，想做什么做什么。

体次之。礼仪是应该体谅他人的，严以律己、宽以待人是礼仪的基本要求。礼仪是管理自己的，而不是用来卖弄炫耀的。当众批评别人，不给对方留情面，是非常不礼貌的行为。对别人宽容才是真正懂礼仪的人。

宜次之。礼仪是选择适合当下的方式方法。当下的环境中最适合什么样的礼仪，应该随机应变。比如，中餐礼仪讲究"让菜不夹菜"，意思是说，吃饭的时候，最好不要给别人夹菜，因为你爱吃不代表别人也爱吃。但是，换一个特定的场合，比如，你去未来婆婆家做客，婆婆给你夹菜，你就不能拒绝。因为在这种场合下，给你夹菜蕴含着"欢迎你、接受你"的潜含义，此时如果拒绝，就会让场面很尴尬。

称次之。礼仪是应该与人的身份相符合的。比如，一场商务宴请中，在有上司在场的情况下，下属是不应该坐在主位的。再比如，老板在一般情况下，是不会给下属开门、引路的。下位者或者小辈，应该是场合中最讲究礼仪的人；上位者或者长辈，在礼仪方面可以更为轻松一些。这样场合才不会过于严肃或者尴尬。这就是与身份相符合的礼仪。

希望读者读完本书后可以增长一些关于礼仪的知识，并运用起来。运用的过程中也不要忘记上述几点：融合时代背景，顺应特定环境，体谅交往对象，适合当下场合，符合自我身份。

王佩仪
2021年9月

目 录

第一章 出门有形

1. 形象与文化相结合 /003
2. 不同场合着装原则 /007
3. 着装四要素 /012
4. 饰品选择与佩戴原则 /016
5. 随之而变的发型 /019
6. 面容需体面 /023
7. 影响形象的其他细节 /026
8. 站有站相，坐有坐相，蹲姿有礼 /029
9. 笑容显真诚，眼神有分寸 /032
10. 社交距离有讲究 /036

第二章 交往有节

11. 邓巴数法则 /041

12. 见面致意传递尊重 /044

13. 称呼有礼,闻者心悦 /048

14. 主动介绍知规矩 /052

15. 握手细节需明了 /057

16. 迎三送七 /062

17. 去别人家拜访的做客礼仪 /066

18. 去女朋友家做客需要注意的事项 /070

19. 送礼物时如何表达自己的心意? /072

20. 递接物品的小细节大智慧 /075

21. 接打电话有礼可循 /079

22. 微信交流七要点 /083

23. 线上交流也需要礼仪 /087

24. 逢年过节,你会群发信息吗? /091

25. 乘车礼仪 /094

26. 电梯礼仪 /097

第三章　说话有度

27. 商务接待"五不谈" /101

28. 商务接待聊什么？ /104

29. 职场沟通"三不谈" /107

30. 注意辨别客套话 /109

31. 将"对不起"改成"谢谢"，你会人缘倍增 /114

32. 如何倾听让对方倍感尊重？ /117

33. 听懂话外音 /121

34. 三思而后言，快人快语太伤人 /125

35. 人际交往中的潜台词 /129

36. 尊重别人隐私，是社交中最基本的礼貌 /133

37. 不做查户口式的问话 /137

38. 学会高情商的赞美 /141

39. 如何回应对方的赞美？ /145

40. 如何优雅地说"不"？ /149

第四章 用餐有礼

41. 请客吃饭要提前几天预约？/155

42. 中餐座次安排有讲究 /158

43. 入座与离席的细节 /161

44. 转桌礼仪和夹菜礼仪 /164

45. 点菜技巧 /166

46. 点菜见修养 /170

47. 中国人吃饭端碗有讲究 /173

48. 使用筷子的规矩 /176

49. 参加商务宴请要有眼色 /180

50. 常用敬酒词和拒酒词 /183

51. 请客吃饭时，有人迟到等不等？/185

52. 品茗的学问 /188

53. 在家里请客的注意事项 /192

54. 就餐时必须注意的礼仪细节 /196

55. 餐桌上最令人讨厌的行为 /199

56. 热情过度也是一种伤害 /203

57. 参加商务宴请提前离开怎么打招呼？/206

58. 结账的艺术 /210

第一章
出门有形

Business Etiquette

1.形象与文化相结合

有"礼"走遍天下,无"礼"寸步难行,无论是日常的人际交往,还是职场、商务场合或是涉外活动中,塑造良好的个人形象、企业形象、地方形象、国家形象都是维系人们正常交往的前提。不注重外在的言行举止,将很难获得别人的好感与认可。

每个人留给他人的第一印象——7%来源于人的谈话内容(即说了些什么话);38%来源于人的肢体动作、语调和语气;55%来源于人的外表穿着(包括服装款式、颜色、呈现出来的气质等),这被称为"55387"定律。

"55387"定律表明,对于人的判断与认识,超过一半以上的印象是由人的形象决定的。因此,生活、工作以及社交中个人的形象就显得非常重要。

这其实不难理解,形象最能直观反映一个人的教养与素质的高低。我们在认识一个人的时候,最能产生直观印象的,是对方的外表,包括妆容、发型、配饰、穿着等方面,然后才是对方的言谈举止等,更深入接触之后,才会了解更深层次的东西,比如对方的智慧、性格、内涵等。

换言之,形象就像是社交活动中的一块"敲门砖",无论你自身有多么优秀,品行有多么高尚,如果没有这样一块"敲门砖",那么也很难有机会让人了解你。

礼仪最早起源于原始社会,主要与原始宗教的祭祀活动密切相关。而每一个礼仪规范的形成,背后都有其相应的含义。比如中国古代的婚姻礼仪有"六礼",即纳彩、问名、纳吉、纳征、请期、亲迎,而每一个"礼"的形成都是有缘由的。

以纳彩为例,在纳彩中,按照礼仪,男方要赠送女方大雁,以此来表达自己求娶女方的决心。之所以选择大雁,是因为大雁是候鸟,秋去春来,最为守时。而且,大雁南飞也是非常讲究的,在队伍中,年纪大、身体壮的大雁负责在前方引导,幼小孱弱者则跟随其后,从不逾越,这正好与儒家礼法的"长幼有序"原则相契合。

可见,礼仪实际上是一种文化的表现,任何礼仪的形成与文化都是具有一致性的,不同的礼仪规范,实际上反映的是不同的文化风俗。所以,什么样的形象才能成为最好的"敲门砖"呢?其中一个必备条件就是,符合当下的文化背景。

古代　　　　近代　　　　当代

图1-1　中国服饰与见面礼仪的演变

因为穿错一条裙子而失去一次宝贵的升职机会,这听上去似乎匪夷所思,但却是蔡女士的真实经历。

蔡女士在一家商贸公司上班,因为工作认真,业绩出色,很快就获得了上司的赏识,并在上司的推荐下获得一个重要的升职机会。当时,和蔡女士一起竞争这个岗位的,还有公司另一个部门的一位同事,但从综合条件来说,蔡女士认为自己比对方还是多一些优势的,毕竟她的学历要更高一些,以往的业绩表现也稳胜一筹。

很快,蔡女士就接到上司的指示,得知总公司准备让蔡女士和另外那位同事一起接待一位大客户,并根据他们的表现来对他们进行最后的考核,确定谁能获得这个升职机会。

对于这次考核,蔡女士一直觉得自己稳操胜券,毕竟那位和她竞争的同事虽然业绩水平同样过硬,但在待人处事方面是远不及自己圆滑老练的。

一开始,事情也正如蔡女士所预料的那般,那位大客户对她非常满意,双方就接下来的合作也洽谈得十分顺畅。但奇怪的是,到了后期,那位大客户对蔡女士的态度突然就变得微妙起来,似乎还夹杂着一丝反感。这让蔡女士百思不得其解,完全不明白自己究竟做错了什么,得罪了这位客户。

最终,客户选择了另外那位同事来作为接下来合作的主负责人,而蔡女士呢,自然也就莫名其妙地失去了这次升职的机会。

这次落败让蔡女士感到非常失落,同时心里也很不服气。后来在上司的点拨下,蔡女士才知道自己究竟输在了哪里,只是这输的缘由也让她哭笑不得。

原来她在接待那位大客户的后期，穿了一条黑色皮裙，而黑色皮裙显然是不符合商务礼仪着装规范的。更重要的是，在有些欧美国家，只有街头女郎才会有这样的装扮，而那位大客户的公司常常和外国人打交道，对这个问题自然也更加敏感。

正是由于蔡女士所犯的这个错，让那位客户对她产生了质疑，他认为，因为蔡女士不够严谨，才会犯下这样的错误，他根本不放心将自己的项目交到这样一个人手中。

对蔡女士来说，自己只是穿了一条喜欢的裙子，但对于她的客户而言，蔡女士不合时宜的装扮背后，所透露出的却是态度和性格上存在的问题。如果面对一个连最基本的商务礼仪都无法考虑周全的人，怎么可能放心把重要的项目交到她手中呢？

礼仪衍生自文化，在不同的场合、不同的文化背景下，会催生出不同的礼仪规范。要想为自己打造一个好的礼仪形象，就必须将形象与文化相结合，只有与文化相契合的形象，才是最好的形象，所谓"入乡随俗"说的正是这个道理。

2.不同场合着装原则

服装对于我们来说有三项功能,一是实用,能保暖,能遮羞;二是凸显我们的审美,让别人直观地感受到我们的品位和艺术造诣;三是彰显身份和社会地位。

不管是实用性还是审美需求,主要取决于我们个人的主观意愿。自己觉得冷就多穿点,自己觉得热就少穿点,喜欢什么风格、什么颜色、什么造型,统统都可以由自己的主观意愿去决定。但很多时候,在某些特定的活动或场合,着装却是和礼仪直接挂钩的,不合时宜的着装就如同有礼貌或教养方面的缺陷,对我们的声誉和形象都会造成负面影响。

经常看小说或电视剧的人想必对这样的桥段并不陌生:某个恶毒男(女)配角想要捉弄或陷害主角,让主角在众人面前出丑,于是就邀请对方参加一个聚会,却故意误导对方,告诉他们只是一个性质十分随意的聚会。结果主角一身T恤配牛仔裤的日常装扮,到了聚会地点之后才发现,原来这是一场正式的宴会,进而因为不合时宜的着装受到众人的嘲笑。

可见，在某些特定的场合，穿着打扮并不仅仅是你个人的事情，它就如同你的名片，是你展示给别人看的第一面貌。尤其是在商务活动中，你的着装是否合时宜，甚至可能直接影响到你在职场上所展现出来的形象，进而影响到你的工作与业务开展。

老谭年轻时在国企食堂工作，有一手做面点的绝活儿。退休以后，老谭闲不住，便干脆盘了一家店，自己做面点售卖。

老谭的手艺那绝对是没得说，他开这家小店主要也是为了乐趣，所以东西价格也不高。但令人郁闷的是，除了与老谭相熟的街坊邻居之外，到老谭店里买面点的客人并不多，这让老谭感到不解。

一开始，老谭以为是自己的手艺退步了，但在尝试过其他同类型商家售卖的面点后，老谭发现，自己做的面点显然要更好吃。老谭也尝试过推出一些新品种，让顾客更有新鲜感，但成效依然不大。

老谭的儿子得知父亲的苦恼之后，特意去做了一些调查，并很快找到了问题的症结所在。原来老谭自从退休之后，就有些不太在乎形象了，尤其是最近天热，恨不得时时刻刻都穿个背心、短裤，手里拿着把大蒲扇。

如果是在自己家里，那么老谭自然可以想怎么穿就怎么穿，自己舒服最重要。可如果在店铺里也是这样的形象，那么就不免会给人一种邋里邋遢的感觉，这样一来，不了解老谭的新客人又怎么会放心购买他做出来的面点呢？

发现问题的症结之后，老谭的儿子马上给老谭定做了一套看上去特别精神的厨师服，并神秘兮兮地告诉他，只要以后在店铺里穿上这件衣服，就会有意想不到的惊喜。对于儿子的话，老谭将信将疑，但不管怎么说也是儿子送给自己的礼物，老谭自然是愿意穿的。

果不其然，在听从了儿子的建议之后，老谭店铺的生意渐渐好了起来，因为手艺过硬，物美价廉，回头客也越来越多。

着装是要分场合的，同样的着装，在这个场合合适，但换一个场合，很可能就会成为一种失礼的表现，因为着装是我们展示在别人面前的第一张名片。在日常生活中，我们可以按照自己的意愿，随意选择自己所喜好的着装，来展示自己的个性。但如果是在商务活动场合，或某些特定的公共场合，在考虑着装时，除了个人喜好，我们还必须考虑到礼仪问题。

识对场合穿对衣，这是服饰礼仪最基本的要求。想要做到这一点，其实并不难，只要牢记以下几个原则，就再也不用担心会因不合时宜的着装而与所处场合格格不入了。

第一，大自然中不穿素。

一般出去旅游时，身上的衣服或配饰要有一些亮点，拍出来的照片会好看。衣服颜色要与背景色形成差异化，如草原上不要穿一身绿，油菜花田不要穿一身黄等。

第二，办公场所不穿艳。

通常来说，如果你所从事的是传统行业，那么在办公场所，就不适宜穿着比较艳丽的服装。过于艳丽的服饰容易给人一种轻佻、不庄重的感觉，也会削弱工作中的可靠感。当然，如果你所从事的是艺术时尚等方面的工作，那么就需要视情况而定了。

第三，居家着装要舒适。

在居家场合，着装应以舒适为主。居家环境本就应该是一个比较放松的环境，如果在这样的环境中，还打扮得西装革履、一丝不苟，那么就会显得与整体的环境氛围有些格格不入。

第四，休闲场合不正式。

休闲场合，顾名思义，指的就是在工作之余，那些完全属于我们个人的活动时间。比如，在家休息、健身运动、逛街购物、观光游览等，都属于休闲场合。最好不要打扮得过于正式，否则很容易给人留下古板、无趣的印象。如爬山的时候男士不要穿西装皮鞋，女士不要穿裙子高跟鞋等。

第五，严肃场合不休闲。

在比较严肃的场合，或是参加严肃的活动，如会议、颁奖礼等，应该打扮得正式一些，不能过于休闲放松。因为在这样的场合中，需要凸显严肃性和庄重性，过于休闲的装扮会弱化这种效果，并给人一种态度不端正的感觉。

第六，乡下访亲要朴实。

去乡下拜访亲朋好友，朴实的着装更能拉近彼此之间的距离感，也不会给人一种高高在上的感觉。试想一下，如果你去乡下走亲访友，还身披貂皮，脚踩高跟鞋，那么不仅你的穿着打扮会与环境显得格格不入，而且也不舒适。

第七，隆重晚宴着礼服。

在比较隆重的场合，如参加晚宴、舞会或有着装要求的婚礼等，需要穿着比较正式、隆重的晚礼服，这是对别人的一种尊重，也是对这类场合的一种重视。在这样隆重的场合，如果打扮不得体，是很容易被人看轻或嘲笑的。

服饰礼仪最基本的要求：
- 大自然中不穿素
- 办公场所不穿艳
- 居家着装要舒适
- 休闲场合不正式
- 严肃场合不休闲
- 乡下访亲要朴实
- 隆重晚宴着礼服

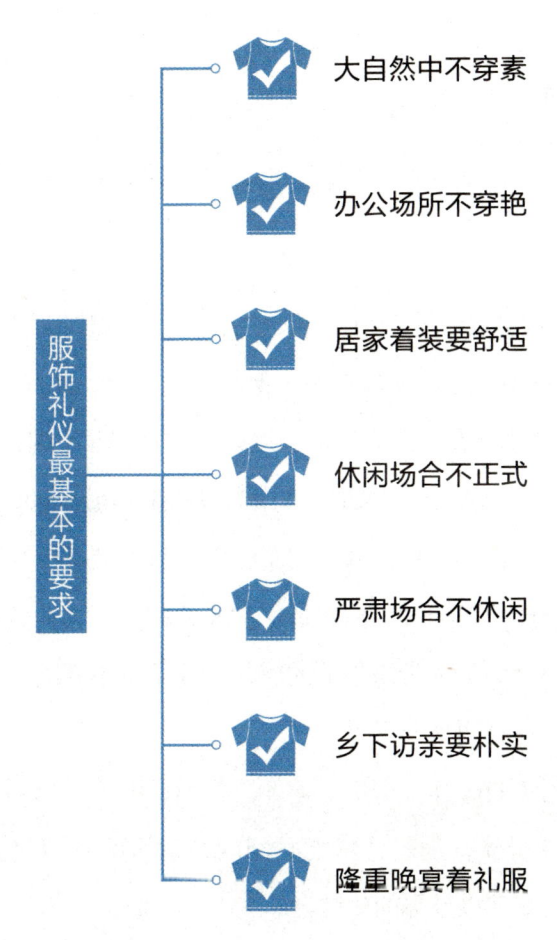

图1-2　服饰礼仪最基本的要求

3.着装四要素

无论是在商务活动还是在社交活动中，得体的着装都能帮助我们更好地展示自己，给别人留下更好的印象。但很多时候，很多人其实都不知道，究竟什么样的服装才是"得体"的。确实，因为在不同的时间、不同的场合，甚至和不同的人相处，"得体"的着装风格都会随之而发生改变。

其实只要遵循"ＴＰＯＲ"四个原则，我们就可以尽可能地避免在着装上出现问题，即使无法行走在潮流的前沿，也能做到舒适、协调，并且也不会给他人带来不适的感受，或留下不好的印象。那么，着装究竟要考虑哪四个要素呢？

一是时间（Time）。

着装是否得体，是需要考虑时间的，这里的时间包括季节、气候、日夜交替规律以及你的年龄等。

试想一下，如果你看到一位年迈的女士，穿着一套带白色蕾丝边的粉红色洋装出现在大街上时，会有什么样的感觉？是不是甚至可能会怀疑对方的精神状态或许出了什么问题？再比如，当你看到一个身材窈窕的美丽女郎，在炎热的夏季，穿着一身华贵的皮草出现时，又会有什么样的感受？恐怕根本无暇欣赏她的美貌，只一心想让那件看着就厚重又炎热的皮草远离自己的视线吧？这就是没有考虑到时间要素而造成的不合时宜的着装，只会给人带来不适的观感。

因此，在考虑着装时，一定不能忽略时间要素，只有符合你的年龄，同时也与季节气候、天气变化等相契合的着装风格，才是得体大方的，才是能够给别人留下好印象的着装风格。

二是地点（Place）。

得体的着装必然是与周围环境相和谐的，否则很容易给人一种"装"的感觉。比如在公司上班，就应该穿着正式得体，但如果是参加公司团建，就可以休闲放松一些。

再比如，去参加同学聚会，地点在一家烤肉店，结果你打扮得光鲜亮丽，好像要去"走红毯"一般。然而，即使你打扮得再漂亮、再帅气，恐怕也只会因为与场景格格不入而成为众人的笑料。

因此，在考虑着装问题的时候，除了要考虑到时间因素之外，我们还需要考虑地点因素。

三是场合（Occasion）。

得体的衣着未必一定是昂贵的名牌货，但必定是与场合相协调的，否则哪怕是再美、再昂贵的衣服，也不能成为你的"加分项"。

举例来说，如果你是一名职场人士，在与客户进行严肃的商务会谈时，却穿着一身昂贵的运动服，那么除非你的工作正是与此相关的，比如负责推广该运动品牌，或者从事与健身相关的行业等，不然你的工作恐怕很难开展，而你的客户也会因为你的"不尊重"而对你，甚至对你的公司产生不好的印象。

可见，很多时候，你的着装之所以不得体，并不是因为服饰本身不好看，而是因为你在错误的场合穿了错误的衣服，导致整个人与场合格格不入。因此，如何穿搭，必须要考虑场合要素，只有与场合要素相契合的着装，才能让人看着舒服，留下好的印象。

四是角色（Role）。

着装需要考虑的第四个要素就是角色要素。这里所说的角色要素，主要指的是你所"扮演"的人，以及你想要展现出来的形象。

每一个人因为身高、长相、肤色、气质、身材等方面存在差异，所适合的着装类型也是有很大差别的。选择适合自己的着装，往往可以实现扬长避短的效果，修饰身材的缺陷，凸显身材的优势；而不适合自己的着装，反而会拉低自己的"颜值"，凸显身材上的缺陷和不完美。所以，在为自己选择合适的着装时，不能完全照搬或模仿别人，而应该对自己有全面的了解，知道自己适合什么，不适合什么。

除了考虑自身因素之外，你所处的社交圈，以及你即将与之产生交集的人，也是需要考虑的因素之一，因为这决定了你所要扮演的角色是什么样子。

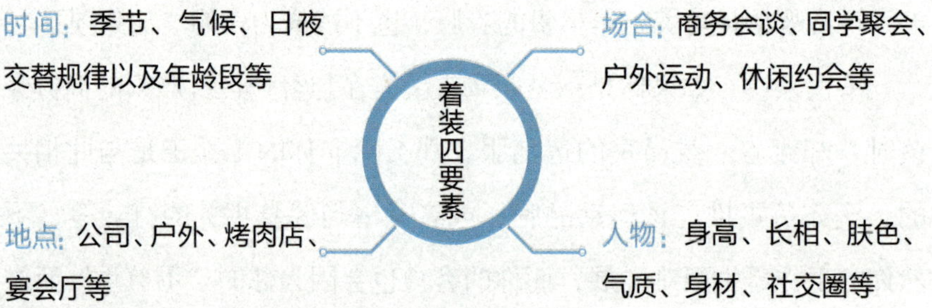

时间： 季节、气候、日夜交替规律以及年龄段等

场合： 商务会谈、同学聚会、户外运动、休闲约会等

着装四要素

地点： 公司、户外、烤肉店、宴会厅等

人物： 身高、长相、肤色、气质、身材、社交圈等

图1-3　着装四要素

"物以类聚，人以群分"，人们总是更倾向于与自己相类似的人结交，而着装就如同我们展示在别人面前的第一张名片。如果你的着装与你将要产生交集的人截然不同，那么就很可能会在无形中拉开彼此的距离，造成隔阂。

此外，与不同的人见面，着装风格也要随之变化。与朋友约会，穿着可以时髦大胆；会见上司或客户，必须稳重大方；去拜访长辈，最好避免奇装异服。

请记住，得体大方的着装往往能直接影响你的社交质量，无论是生活中的社交行为，还是职场上的商务活动，着装得体都能让你给别人留下一个好印象，从而带来好的社交成果。

4.饰品选择与佩戴原则

饰品虽小,但在穿着打扮中,往往起着画龙点睛的作用。尤其是对职场人士来说,饰品更能为千篇一律的职业装增添一抹亮色,让精致体现在每一个细节中。但需要注意的是,饰品的选择与佩戴都是有讲究的,并非所有的饰品都能成为画龙点睛的存在。

那么,在选择和佩戴饰品时,我们究竟需要考虑一些什么呢?

第一,饰品数量不宜多。

饰品在穿着打扮中起的是画龙点睛的作用,如果同时佩戴的饰品数量过多,画龙点睛就可能直接变成画蛇添足。因此,在佩戴饰品时,数量绝对不宜多,如果想要同时佩戴多种首饰,那么一般来说,上限是三种。当然,如果是一些特殊场合,如举办婚礼或者拍摄艺术照等,为了造型需要也是可以例外的。

第二,饰品质地和色调要一致。

饰品搭配要遵循同质同色原则,如果需要佩戴多件饰品,应该保证饰品色彩搭配的一致性,避免眼花缭乱,降低品味。比如耳饰是黄金的，项链却是白金的，这就是不一致的。

第三，整体效果要协调。

穿衣打扮，呈现在别人面前的，是整体的效果。因此，选择和佩戴饰品时，我们不能只考虑这件饰品是否漂亮，或者我们是否喜欢，还得考虑佩戴这件饰品后所呈现出来的整体效果是否协调。比如在穿着考究的服装时，可以选择昂贵华丽的配饰，但如果是穿休闲装或工作装，那么再佩戴昂贵华丽的首饰，就显得不得体了。

通常来说，在日常生活中，我们在选择配饰时，全身上下的首饰最好不要超过三件，除非是去参加晚宴，或是某些需要特别装扮的场合。要知道，凡事都讲究一个度，装饰也是如此，过分隆重的装饰，在不恰当的场合，不仅不会赢得别人的赞誉，反而只会显得你在哗众取宠。

饰品选择原则

◆ 饰品数量不宜多

◆ 饰品质地和色调要一致

◆ 整体效果要协调

◆ 要符合风俗习惯与传统观念

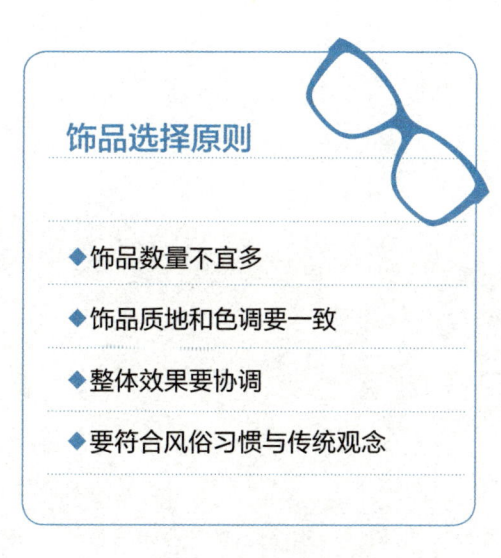

图1-4 选择饰品的原则

第四，符合风俗习惯与传统观念。

不同地区的人对佩戴首饰往往有不同的审美偏好和风俗习惯，因此，如果我们希望自己的着装能够给特定的人留下好的印象，那么在选择和佩戴首饰时，就必须考虑到对方的风俗习惯和传统观念。否则，一旦不慎触及对方的"禁忌"，那么即使你的首饰搭配得再出彩，恐怕也很难得到对方的好感。

例如苗族配饰以头、颈、胸及手等部位的银饰为主，而壮族配饰多为金玉、银玉。

5.随之而变的发型

头发是人身体的制高点,当我们看到一个人的时候,首先会注意到的,就是他的发型。发型不好,整个形象就会大打折扣。所以,在考虑着装配饰的同时,合适的发型也是必不可少的。

虽然发型的选择多种多样,尤其是在今天这个多元化的时代,无论男性还是女性,都能根据自己的喜好,选择和尝试自己喜欢的发型,从而彰显自己的个性。但对于职场人士来说,发型的打理也是展现自身礼仪和修养的重要"名片"之一。对于这点,职场新人丽丽和王玮绝对深有体会。

丽丽有一头乌黑靓丽的秀发,被人从小夸到大,所以她一直特别喜欢把头发披散下来。进入职场之后,丽丽也依然喜欢披散着一头秀发,许多同事都说她是公司的"黑长直女神"。对此,她内心其实也是非常自豪的。但丽丽怎么也没想到,自己会因为这头美丽的秀发,闹出一场"乌龙",还差点得罪客户。

那是丽丽刚进公司第三个月发生的事情,上司带她一块去参加一个宴请,招待一位客户。为了给客户留下一个好印象,丽丽还特意化了精致的妆容，穿上新买的套装，最引以为傲的秀发自然要披散下来，既能修饰脸型，又能增添几分女人味。

可没想到的是，宴请结束后，丽丽却被客户的妻子投诉了，对方言语中都在指责丽丽试图"勾引"自己的丈夫，想要通过这种不正当的行为来提升业绩。而客户妻子之所以这么认为，就是因为丽丽在饭桌上三番四次地对着这位客户"撩头发"，动作引人遐想。

和丽丽一样，王玮也是因为发型问题而失去了与客户合作的机会。

作为一名男士，王玮从来不认为自己需要特别注意发型这个问题。男人嘛，发型也就那么几个，不像女人那么千变万化，只要整整齐齐、干干净净就行了，哪还需要考虑那么多呢？可偏偏，王玮有一次就是因为发型栽了跟头。

王玮在公司最大的竞争对手是和他同部门但在不同小组的同事小马，两人在工作上的表现都非常优秀，不分伯仲。一次，王玮和小马通过公司的内部招聘，一同竞争一个职位，为了考察二人，公司把一位客户的项目交给他们负责，让他们分别出具一份计划书，谁能最终赢得对方的首肯，谁就能获得这个职位。

为了能交出一份完美的"答卷"，王玮可谓是废寝忘食，整整折腾了一个多月，才把所有工作做完。然而，王玮没想到的是，当他信心满满地将自己的计划书交给客户之后，客户最终却选择了小马。虽然不可否认，小马的计划也有其优秀之处，但王玮认为，自己的得意之作显然更胜一筹。

最终，王玮失去了这个职位，更令他哭笑不得的是，那位客户当时其实并不是不满意他的计划，他之所以最终选择了小马，是因为小马看来"很精神"，不像他，"头发长得都快遮住眼睛了，整个人一看就不修边幅，让人觉得不靠谱"。

一个不合适的发型，一不小心就可能成为失败的关键。

那么，对于职场人士来说，究竟什么样的发型才不会出错呢？

简单来说，就是必须干净、整洁，这是无论男士还是女士都应该牢记的。如果头发不能保持清洁卫生，满是油腻或头皮屑，那么无论什么样的发型，恐怕都无法给人留下好的印象。

通常来说，在正常情况下，至多三天就应该洗一次头发，每半月就该考虑修剪一次头发。如果需要出席重要活动，那么最好能在出席活动之前到理发店或美容院，请专业的师傅帮助自己打理一番，让自己显得更有精气神。

图1-5　商务精英的基本仪态要求

如果是女士，刘海长度也不要超过眉毛、挡住眼睛，应该把整个面部都露出来。长过肩部的头发通常来说都应该扎起来，可以考虑半扎或是直接扎成马尾。如果是参加比较庄重严肃的商务活动，那么最好能将长发盘成发髻，显得干净利落、大方典雅。

此外，在职场中，男士最好不要留长发，也不要剃光头，这是最基本的职场形象礼仪要求。当然，如果是从事某些比较特殊的行业，或者存在某些特殊情况，那就另当别论了。

6.面容需体面

在社交活动中，无论是出于礼貌还是习惯，我们的视线最经常集中的位置是对方的面部。这也就意味着，如果你的面容不够体面，或存在令人不舒服的问题，那么很可能会影响对方对你的印象和评价。因此，对于商务人士来说，面容够不够体面也是商务礼仪需要考虑的一个部分。

通常来说，相比女士而言，男士在商务场合的面容修饰要简单得多。因为男士通常都不存在化妆问题，但是男士在面容上至少做到以下两点：

第一，面容要清洁干净，无论对男士还是女士来说，这都是最基本的要求。需要注意的是，对男士来说，面容的清洁干净不仅仅是只要把脸洗干净就可以的。比如很多男士没有使用护肤品的习惯，在干燥的季节，洗完脸之后，就很容易因面部皮肤过于干燥而出现"起皮"的情况，进而影响面部仪容的观感。

第二，经常打理胡须。试想一下，如果一个男士，穿着体面，发型精致，脸上却是胡子拉碴，这会给人一种什么感觉呢？是不是会觉得对方非常邋遢，很不注重仪容和细节，甚至卫生习惯不是很好？所以，要保持面容的清洁干净，打理胡须是每一位商务男士都要注意的问题。

通常来说，如果没有特殊的宗教信仰，职场中的男士最好养成每天刮胡子的习惯，不要留胡须。只要做到自己伸手摸的时候，没有扎手的感觉就可以了。尤其是那些在工作中经常会有国际交往需求的男士，常常会和客户行拥抱礼，甚至贴面礼，这时候，如果胡须扎到对方的脸，恐怕就很尴尬了。

女士对面容的修饰比男士要复杂得多，因为化妆可以说是女士日常打扮最重要的内容之一，甚至在很多国家，女性在商务场合不化妆会被认为是一种非常失礼的表现。而要想拥有得体的妆容，职场女性除了需要学会使用各类化妆品和用具，掌握一定的化妆技巧之外，还得根据不同的场所、时间以及活动内容等，来选择合适的妆容。

那么，在化妆方面，有哪些事情需要注意呢？

第一，化妆要注意时间和场合。

妆容有浓淡之分，在不同的场合，需要配合不同的妆容。通常来说，在职场上，要以淡雅的工作妆容为主，尤其是在上班的时候，千万不能化浓妆，无论是过于厚重的粉底还是过于红艳的口红，都是不符合工作礼仪要求的。但如果是参加一些社交活动，尤其是晚间的宴会等，则可以将妆容修饰得更精致一些，但最好也不要过于出格。

第二，不要当众化妆或补妆。

无论化妆还是补妆，都应该被视作是一件比较私密的事情，不应该在公共场所进行。尤其是在工作场所，千万不要当众化妆或补妆，这是非常失礼的行为，并且也容易让人对你的工作能力产生质疑。

所以，如果需要化妆，最好能在出门之前就完成，如果有补妆的需求，则最好到洗手间或化妆间进行，切忌当众描眉画唇。

第三，美容护肤才是"硬道理"。

皮肤的好坏对面容的观感有着直接的影响，如果你皮肤状况良好，那么即使五官不够出众，也能让人有干干净净的感觉，即使不能让人感到惊艳，至少不会招致反感；但如果你皮肤状况比较差，甚至有痤疮痘印，那么哪怕五官漂亮精致，恐怕也会影响面容的整体观感。化妆虽然神奇，却也不是万能的，如果没有一个良好的皮肤打基础，那么再好的化妆品，效果也会大打折扣。所以，要想面容体面，美容护肤才是"硬道理"。

要想皮肤好，除了使用适合自己的护肤品之外，更重要的是保持健康的生活方式，坚持良好的饮食习惯，适度参加体育活动。只有身体健康了，皮肤才会好，面容才能焕发出光彩，这是任何化妆品都无法比拟的。

化妆的注意事项

化妆要注意时间和场合

不要当众化妆或补妆

美容护肤才是"硬道理"

图1-6 化妆的注意事项

7.影响形象的其他细节

很多时候,形象的建立需要很久,但形象的坍塌往往就是一瞬间的事情。那么,哪些是我们在日常生活中最容易忽略,却最容易导致形象全毁的细节呢?

第一,头屑纷飞"发如雪"。

无论何时,头皮屑都可以说是最毁形象的"利器"。无论你穿着多么昂贵的衣服,化了多么精致的妆容,纷飞的头皮屑都能瞬间毁掉你的形象。

造成头皮屑过多的原因多种多样,可能是卫生原因,也有可能是生理性以及病理性的原因,还有可能是使用了不适合自己的洗发水。如果有头屑过多的问题经常出现,一定要查明原因,这样才能对症下药,彻底解决头屑问题。

第二,在公共场所大声说话。

几乎在每一个公共场所,都能看到诸如"禁止大声喧哗"这样的提示,可见,在公共场所大声说话、吵闹,绝对是一种非常失礼的行为。

在生活中，以下的场景想必我们都不陌生：

在咖啡馆里，一位客人和朋友聊天，声音高亢又激动，还不断嬉笑怒骂，周围的人频频侧目，有的客人已经眉头紧皱，向服务生发起投诉；

在地铁车厢里，一个人拿着电话，大声说着什么，站在他周围的人纷纷投去嫌弃的目光；

在办公室里，大家都在埋头工作，一名员工却声音洪亮地高谈阔论，惹得周遭同事不住地翻白眼……

高声喧哗无论在哪里，都是极其不礼貌的行为，你所制造出来的噪音不仅会让人心烦意乱，难以集中精神，甚至可能直接影响别人的工作效率。所以，在公共场所时，一定要控制好自己的音量，别把自己变成人人嫌弃的"噪音源"。

第三，背后议论你的同事、朋友。

背后说人"八卦"常常容易造成一种错觉，以为自己是话题的中心，是社交的宠儿，毕竟人都有好奇心，谁不爱听"八卦"呢？但同时，谁也不会希望自己成为被"八卦"的对象，所以对于那些"大嘴巴"的人，谁都不愿意深交。

因此，不要总是在背后议论人，你议论得越多，就会让周围人对你的评价越低，对你越发不信任。

第四，带病还要坚持上班。

带病坚持上班，乍一看似乎是件努力又励志的事情，但实际上，当你一副病容，喷嚏咳嗽不断地出现在办公室时，你周围的人只会想远离你这个"病原体"，恨不得把你直接送回家或送去医院。尤其是疫情防控进入常态化以后，千万别把病痛带到公共场所，生病了还是乖乖在家养病吧！

第五，不分场合地说"俏皮话"。

成年人聚在一起，有时难免会说上几句俏皮话，这本无可厚非，但如果把握不好其中的尺度，或不分时间、场合地乱说"俏皮话"，只会引起别人的反感与不适。

第六，边嚼东西边说话。

古人讲究"食不言，寝不语"，但对于现代人来说，边吃饭边聊天早已经成为了一种常态。但需要注意的是，在吃饭过程中，嘴里嚼着东西的时候，最好不要说话，如果非要说，也最好用手挡住嘴，以免嘴里的食物因为说话而喷出来，这是非常不雅的行为。

自毁形象
细节大公开

◆ 头屑纷飞"发如雪"
◆ 在公共场所大声说话
◆ 背后议论你的同事、朋友
◆ 带病还要坚持上班
◆ 不分场合地说"俏皮话"
◆ 边嚼东西边说话

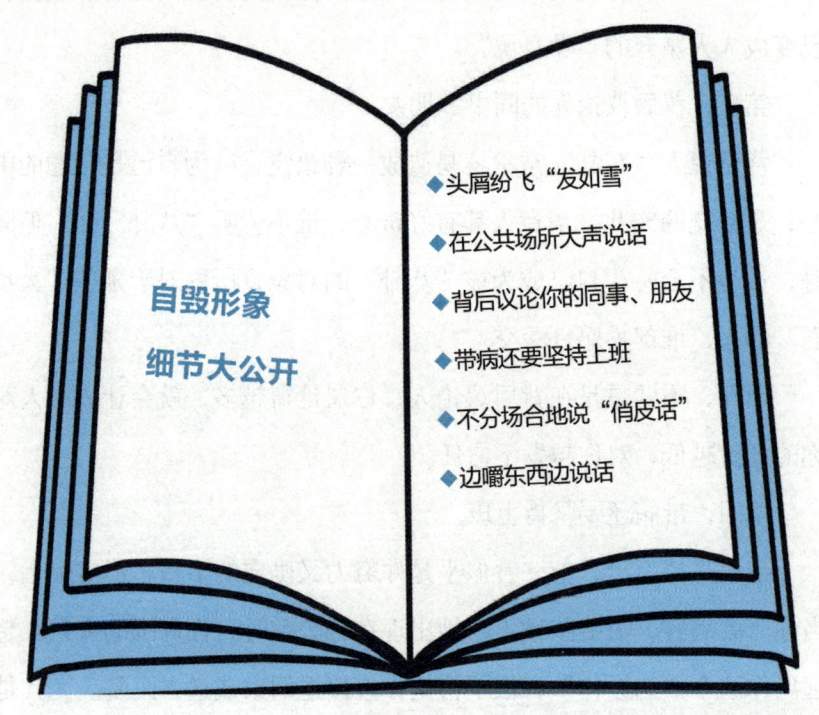

图1-7　自毁形象细节大公开

8.站有站相，坐有坐相，蹲姿有礼

美丽的容貌会随着时间的流逝而消失，但优雅的仪态却能成为我们经久不衰的魅力。所谓仪态，简单来说，就是指人的一言一行、一举一动，它反映了这个人的性格、心理、修养与气质。并非每个人都天生拥有优雅的仪态，实际上它是可以通过后天学习和训练来获得的。

一个人的气质、礼仪、风度以及教养，不是依靠高档的服装包装出来的，而是在人的举手投足之间自然而然体现出来的。

古人云，"人咸知修其容，莫知饰其性；性之不饰，或愆礼正，斧之藻之，克念作圣"。意思就是说，很多人都知道要打扮自己的外在容貌，却不知道装饰自己的内在；如果一个人不懂得装饰自己的内在，加强品质的修养，就容易失态又失礼，只有做到时时改正自己、磨炼自己，才能让自己的品性和人格越来越趋于完美。

《礼记·玉藻》中有君子九容，即"足容重，手容恭，目容端，口容止，声容静，头容直，气容肃，立容德，色容庄"。这些都是古人对君子形容举止最基本的要求。

对于商务精英来说，身体仪态有以下几点要求。

第一，站姿应如松挺拔。

在社交场合中，最容易表现一个人体态特征的就是站姿。如果是男性，那么站姿就应该展现出刚劲挺拔、稳重大方的感觉；如果是女性，那么站姿则更讲究文静优雅、亭亭玉立。

正确的站姿应该是：腰背挺直，庄重端正，具有稳定性。上身一定要直，千万不要歪脖子斜肩，身体也不要倚靠在其他物体上。双腿不要弯曲或叉开很大，双手自然垂落，不要抱在胸前或插在口袋里，以免让人觉得不庄重。在站立时，最好不要做多余的动作，如摆弄头发、衣服等，容易显得小家子气。

第二，坐姿应如钟稳重。

在社交过程中，我们呈现在别人眼前最常见的姿态通常都是坐姿，无论是吃饭、聊天还是商务谈判，基本都是以坐着的姿态进行的。因此，你的坐姿是否优雅，在很大程度上会影响别人对你的印象。

正确的坐姿应该是：就座时，先走到座位前方，然后再转身，右脚向后半步，就座后收右脚。需要注意的是，在就座时，上身要保持笔直，脊背不要弯曲，坐下要轻、要稳。

入座之后，双肩放平，上身自然挺直，两手可以平放在膝盖上，或双手交叠放在腿上，如果前方有桌子，也可以两臂微屈，将手放在桌上。腿部自然弯曲，双脚落在地上，需要注意的是，在正式场合最好避免跷二郎腿或抖腿。为了保持坐姿的优美，通常来说，女性在就座时，臀部最好坐到椅子的中央；男性则可以坐满椅子，轻靠椅背。

坐下以后，就不要再随意移动椅子了。

从座位上起身的时候，动作要稳、要轻，不要弄出动静，以免显得冒冒失失。

第三，蹲姿应仪态优雅。

通常来说，在社交场合，我们大部分时候不是站立就是坐着，但偶尔也会有需要蹲下的时候，比如捡东西或系鞋带等，而蹲姿往往是最容易"出错"的动作，一不小心就可能出现不雅的姿势，让彼此陷入尴尬。

一般来说，仪态优雅的蹲姿有两种。

一种是交叉式蹲姿，即下蹲的时候，右腿在前，全脚着地，小腿与地面基本垂直；左腿在后，与右腿交叉重叠，膝盖偏向右侧，前脚掌着地，脚跟抬起。蹲下时，臀部下沉，上身微微向前倾。

另一种是高低式蹲姿，即下蹲的时候，左脚在右脚稍前，两腿并拢下蹲。蹲下后左脚全脚着地，右脚前脚掌着地，后跟抬起，右边膝盖低于左边膝盖，呈左高右低的姿势，臀部下沉，重心放在左脚。

需要注意的是，在做下蹲动作的时候，不要出现弯腰以及臀部向后撅起的动作，双腿之间不能分开太大，尤其是穿裙子的女士，一定要注意不要走光。如果是要捡起掉落在地上的东西，一定要走到需要捡的东西旁边，蹲下后将东西捡起，不要直接弯腰。

9.笑容显真诚,眼神有分寸

人的表情主要是通过笑容和眼神来表达和体现的,所以要想控制好自己的表情,就得控制好自己的笑容与眼神。

第一,笑容要真诚。

在社交活动中,微笑被称为是"参与社交的通行证"。心理学家也研究证实,想要提升社交技巧,学会微笑是最有效的方式。

有人或许会提出质疑:微笑还需要学吗?答案是肯定的。在日常生活中,笑的种类其实有很多,而并非所有的笑,在社交行为中都是合乎礼仪的。

那么,如何才能训练出自然真诚的微笑,让自己更有亲和力呢?我们可以分六个步骤来进行。

第一步是放松面部肌肉。

放松面部肌肉,尤其是嘴唇周围的肌肉,可以尝试张开嘴发出"哆来咪发唆"这样的音阶,来帮助嘴唇肌肉的放松。

第二步是增强嘴唇肌肉弹性。

嘴巴张大,保持10秒之后再闭上嘴,拉紧两侧嘴角,同样保持10

秒之后,再将嘴唇聚拢,保持10秒。反复进行以上动作至少三次。

第三步是嘴角上提,形成微笑。

嘴角两端上提,形成微笑,保持10秒。

第四步是反复练习不同程度的微笑。

对着镜子,根据笑容的程度来练习不同形式的微笑,反复练习,记住展露不同程度笑容时的不同感觉,加强肌肉记忆。

第五步是修正微笑,力求对称。

要想展露最完美的微笑,需要长时间进行训练和矫正。简单来说,越是对称的微笑,给人的感觉就会越好,但大部分人在未经训练的情况下,微笑时两边的嘴角其实都是不对称的。我们可以用牙齿轻轻咬住一根平放的木筷子,然后将两边嘴角同时上提,尽量让木筷保持水平。用这种方式进行反复训练,可以帮助我们修正微笑,让微笑更加对称、美观。

第六步是修饰微笑,增强魅力。

在能够自如地展现出真诚自然且对称美观的微笑之后,就可以开始对着镜子对微笑进行修饰,以找到能够最大限度展露自己魅力的笑容。

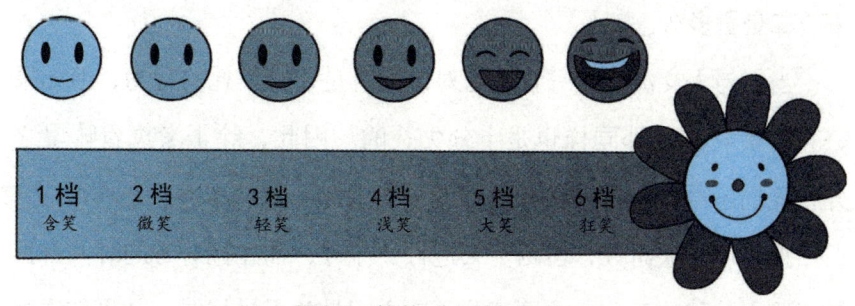

图1-8 笑的"六档"形式

第二，眼神要有分寸。

眼睛是心灵的窗户，在社交活动中，我们与人交往时，一定要养成注视对方的习惯，并把握好眼神的分寸，这样才不会让对方感觉到被冒犯或者被忽视。一般来说，要把握好眼神的分寸，需要考虑两个问题。

一是看哪里。

与人交往时，眼睛应该看向对方的哪个部位，这是非常重要的一个问题。通常来说，如果是参加谈判或会议，那么我们的视线应该看向对方的上三角区域，即额头到眼睛这一区域；如果是与朋友或同事进行社交，视线则通常会看向对方的中三角区域，即眼睛到嘴巴这一区域；如果是与亲人或恋人在一起，那么视线则往往会在对方的下三角区域停留，即嘴巴到锁骨之间的区域。

需要注意的是，当我们与别人进行近距离的交谈时，一定要注意，将视线保持在下三角区域之上，不要让眼神四处游移。尤其是在与异性进行社交时，一定要养成直视对方面容的习惯，尤其不能将眼神往头部以下移动，以免让对方感到不舒服，造成彼此之间的误会。

二是看多久。

当你与人交流时，一直不看对方绝对是非常失礼的行为，但如果一直盯着对方，那同样也是十分失礼的。因此，除了考虑看哪里之外，我们还得知道，应该看多久。

据心理学家研究，当两个人进行交流时，你注视对方的时间占据整个聊天过程的三分之一到三分之二之间是效果最好的。如果你注视对方的时间不足正常交流的三分之一,那么就容易给对方一种被轻视的感觉;但如果你过长时间地注视对方,那么又容易让对方造成误解,以为你是在挑衅,或者有其他什么想法。

10.社交距离有讲究

德国著名哲学家叔本华曾讲过一个"豪猪哲学"。在寒冷的冬天，一群豪猪聚拢在一起，试图用彼此的体温来取暖，但因为身上有坚硬的刺，所以当靠得太近时，它们会彼此刺痛，于是只能远离对方；但要是距离太远，又会感觉到寒冷，于是只能再次靠近。就这样，它们周而复始，一次又一次地靠近和远离，终于找到了最恰当的距离，既能保持互相取暖的状态，又不会被彼此身上的刺所刺伤。

人与人之间的交往其实也是如此，距离太远不免让人觉得孤寂与冷漠；但如果距离太近，又容易冒犯到彼此。只有找到那个最适合"取暖"又不会被"刺伤"的距离，我们才能真正建立和维持一种稳定的关系。

庄恒是个热情开朗的小伙子，大学毕业之后进入一家广告公司工作。他自知没什么经验，还需要前辈们多多帮助和提携，所以表现得十分谦虚，对谁都非常热心，不管是公事还是私事，凡是能帮上忙的，他从来都不会拒绝，而且总是做得尽心尽力。

一开始，公司里的同事都很喜欢庄恒，但一段时间过去之后，大家却开始纷纷疏远他。原因很简单，他们发现庄恒这个人，热情得有些过头了。明明大家也不是很熟，但每次打招呼他都会十分热情，有时甚至会主动拥抱或勾肩搭背。

更重要的是，不管是公事还是私事，庄恒都表现得十分热心，这种热心有时还真让人吃不消。比如有一次，同事蔡姐因为一些事情和老公闹矛盾，两口子在楼梯间发生一些争执，恰好被路过的庄恒看到了。

按理来说，这种夫妻间的私事，外人都该自觉避开。但庄恒可没有这个意识，他甚至还直接走了过去，强势插入夫妻俩的争执，热心地展开"劝说"，试图帮这对夫妻解决矛盾，把蔡姐搞得很尴尬。

类似这样的事情，庄恒还做了很多，他总觉得，大家都是同事、朋友，就应该互相帮助。但事实上，被他"帮助"过的人，很多最后都疏远了他。

庄恒最大的问题其实就是缺乏分寸感，一个人热心助人没有错，但有时过犹不及，过分的热情实际上只会给对方带去很多压力，久而久之，周围的人自然也就不愿意再靠近你了。

社交距离实际上是非常有讲究的，简单来说，人与人之间的社交距离大约可以分为四种类别。

第一，和同事相处。

50~100厘米是同事之间的适当距离。通常来说，在同事相处中，这个距离既有朝夕相处的融洽与亲近感，又保持了适当的距离。

在社交活动中，如果距离过于亲密，则会引起对方的反感与排斥。就像我们在人际交往中遇到的那些"自来熟"，明明不怎么认识，却总是表现得过分热情，过分靠近，这样只会让人心生反感，觉得自己被冒犯。

第二，与下属谈话，布置工作任务。

150厘米左右的距离最为合适的，这既可以增加领导的威严，又不至于产生过于疏远的冷漠感。

在通常情况下，与下属谈话距离过近会让人感觉领导比较轻浮，距离过远又让人感觉有压迫感。最好不要贸然缩小或扩大这个距离的范围，以免对别人造成不好的印象。

第三，向领导汇报工作。

汇报工作时，3米比较合适，两米的办公桌，再增加一米左右的距离，既彰显出你对领导的尊重，又不会让领导听不清你汇报的工作。

第四，会晤、谈判。

3~3.5米的距离比较合适，以一桌之隔来保持一定距离，既可以增加一些庄重的气氛，又可以给各自一个相对宽松的发挥空间，充分展示自己。

在现实生活中，当我们处于正式的社交场合时，一定要记住，过远或过近的距离，都可能引起对方的反感或排斥。最符合礼仪要求，同时也最能让对方感觉舒适的距离就是社交距离。保持好社交距离，这不仅是对别人的一种尊重，同时也是礼仪与教养的体现。

社交的空间距离

和同事相处	与下属谈话，布置工作任务	向领导汇报工作	会晤、谈判
50~100厘米	150厘米左右	3米	3~3.5米

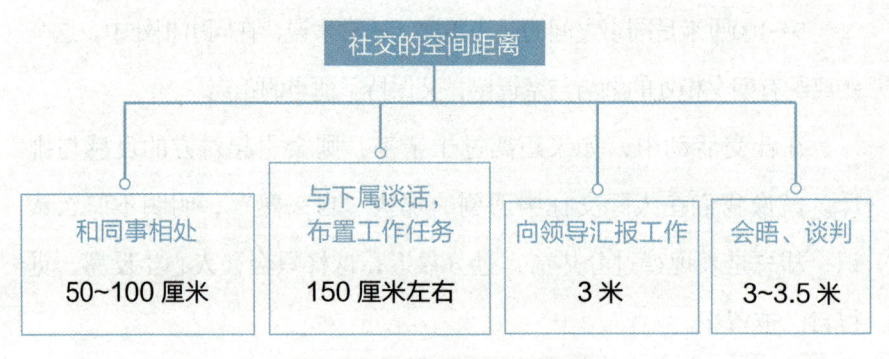

图1-9　合适的社交空间距离

第二章
交往有节

Business Etiquette

11.邓巴数法则

从某种意义上说,在这个时代,人脉就是钱脉,人脉就是资本。于是,有的人为了扩充钱脉,累积资本,便无节制地社交,无节制地建立和扩充自己的关系网,恨不得把自己能接触到的人都"纳入囊中"。但事实上,这种无节制的社交方式并不能真正为我们建立有价值的人际关系,相反,越是无节制地进行社交,我们的社交质量反而会越低。

陈蒙刚开始工作的时候,一直秉承着与人为善的原则,坚信"多个朋友多条路",对于一切社交活动都来者不拒,恨不得把遇见的每一个人都发展成自己的朋友,扩充成自己的人脉。

但时间长了,陈蒙却突然发现,虽然自己似乎每天都辗转于各个饭局,每天都有没完没了的应酬,但和大多数人的关系都是上了酒桌称兄道弟,下了酒桌顶多是点头致意。虽然手机里存着几百人的电话,微信里存着上千个好友,但遇到什么事情想找人帮忙时,陈蒙还真不知道能找谁。

面对这样的状况,陈蒙陷入了深深的迷茫,自己已经那么努力地拓展社交圈子，可为什么到最后却连一个有价值的朋友圈都没能建立起来呢？

其实在生活中，像陈蒙这样，被各种无效社交捆住手脚，占据大部分时间的人有很多。他们看似交友满天下，在各个社交场合连轴转，但实际上却没有几个知心朋友，没有能互相帮衬、共同提高的朋友。为什么会出现这样的状况呢？

早在20世纪90年代，著名的人类学家罗宾·邓巴其实就已经给出了答案。罗宾·邓巴认为，每个物种的大脑认知能力和智商都是有上限的，比如人类的智商与认知能力，就决定了人的大脑最多能够承载大约148人的稳定社交网络，四舍五入就是150人。因此，罗宾·邓巴所提出的这个理论又被称为"150定律"，也就是著名的邓巴数法则。

简单来说，人类的社交人数上限大约是150人，能够建立精确交往且深入跟踪交往的人数也就20人左右。这就意味着，社交关系实际上并不是建立得越多就越好，因为我们的时间和精力都是有限的，建立的社交关系越多，我们对每一条社交关系的投入就会越多，我们的时间与精力就会分散得越多。而人脉关系的维持是需要我们投入时间和精力去经营的，没有投入，就不可能建立和维持稳定的人脉关系。

因此，要想拥有高质量的人脉，我们就要进行有选择地社交，而不是对一切社交活动都来者不拒，这样只会让我们因小失大，最终得不偿失。那么，如何才能有选择地进行社交呢？

什么是朋友？孔子曰："益者三友，友直，友谅，友多闻，益矣。"

第一，友直，能对我们直言不讳的才是朋友。

第二，友谅，要结交心胸开阔的朋友，而不是那种蝇营狗苟、小肚鸡肠的朋友。

古人讲"谅"，就是心胸开阔，气度影响高度。有人说，我很想让人家直言不讳，但是没人对我直言不讳，我很想交宽容大度的朋友，但是我认识的人都不够宽容大度，那么这样的朋友不交也罢。

第三，友多闻，就是在某个方面懂得比我多。

人的时间与精力都是有限的，无论做任何事情，都要学会选择与放弃，否则最终的结果只会是一事无成。建立社交关系同样如此，不是所有社交都能成为有价值、有意义的社交，只有排除掉那些无价值、无意义的社交，做出适合自己的选择，我们才能有时间和精力为自己建立更优质的社交网，发展更有价值的人脉关系。

12.见面致意传递尊重

在社交场合，我们常常会遇到很多认识的人，如果和每一个认识的人都寒暄攀谈，那么时间显然是不够用的，但如果对其视而不见，那么势必会让对方心里不舒服，从而破坏彼此的感情。这种时候，用致意礼来表达问候与尊重无疑是最合时宜的选择。

致意，也被称为"袖珍招呼"，指的是用一些礼节性举止，来向别人表达问候。在社交活动中，见面致意是一件非常正常的事情，无论是迎送宾客、拜访他人，还是被人引荐，都可以用见面致意的方式来向对方表示尊重。

比如你去参加朋友的婚礼，抵达现场的时候，朋友正忙着招待其他宾客，脱不开身来和你寒暄，于是暂且把你撂在一边，对你视而不见。面对这样的情况，即便理智上可以理解朋友当下的忙碌，恐怕心里也会觉得不是滋味儿吧？

同样的情况，如果增加一个小小的致意的动作，给人的感觉就完全不同。

比如，在你进门的时候，朋友忙着招待其他宾客，实在分身乏术，于是和你隔空对上了眼神，对你点头致意，彼此心照不宣。这样是不是就觉得平衡多了？甚至可能因为彼此之间的那种心照不宣，觉得更加亲近了，毕竟正因为把彼此当作"自己人"，所以反而可以省去这些所谓的寒暄。

两种交流方式，唯一的不同，就是主人方加入了一个小小的动作——点头致意。但就是这样一个小小的动作，带给人的心理感受却是完全不同的。这个小动作最大的意义，其实是一种态度的传递，表达了对方对你的问候和尊重。

切记，在社交活动中，礼多人不怪，哪怕只是一个小小的致意动作，所反映出的也是你的教养与礼貌。

一般而言，常见的致意方式包括以下几种。

第一，点头致意。

点头致意，就是用点头的方式来向致意对象表达问候的一种方式。当我们在路上偶遇熟人，或者在某些不宜交谈的地方遇见熟人时，都可以用这种方式来向对方打招呼、表达问候。具体做法是，向致意对象轻轻点头，并面带微笑，点头时幅度不需要太大，也不要反复点头。

第二，招手致意。

当我们和要打招呼的对象距离比较远时，如果使用点头致意的方式，恐怕对方很难接收到我们的问候。这种时候，就需要用更明显的动作来表达问候，如招手致意，也称作挥手致意。具体做法是，将手臂伸向前上方，手掌心朝向致意对象，左右摆动几下。

第三，鞠躬致意。

当我们遇到年纪比较大或者地位比较高的人时，就可以用躬身致意的方式和对方打招呼，以表问候和尊重。一般来说，躬身致意有两种方式，一种是站着躬身致意，另一种则是坐着躬身致意。站立时躬身致意的动作很简单，只要朝向致意对象，上身微微向前鞠躬即可；如果是我们坐着的时候见到要致意的对象，则需要在上身微微向前鞠躬的同时，臀部轻轻抬起，离开座椅。

第四，脱帽致意。

在一些比较正式或严肃的场合，如果戴了帽子，那么在致意时，通常都要主动摘下自己的帽子。比如参加一些比较严肃的活动，像升国旗、参加葬礼或进入比较正式的场合等，或者对某个特定对象致意，也可以摘下帽子，以示对对方的问候与尊重。

第五，注目致意。

一般来说，注目致意的方式通常都出现在比较严肃的大型活动上，一般是下属向上级、地位较低者向地位较高者使用的。

行注目礼时，要起身立正，挺胸抬头，双手自然下垂或者贴合在身体两侧，脸部表情庄重严肃，目光正视行注目礼的对象，并跟随其缓缓移动。在行注目礼时，通常还会伴随简洁的问候语，比如"你好""上午好"等。

第六，握手致意。

握手礼是我们在社交中最常使用且适应范围最广的致意礼节，无论是表示致意、亲近、友好、寒暄、祝贺，还是感谢、道别，都可以使用握手礼。需要注意的是，在和别人握手时，要面带微笑，直视对方的双眼，然后一边握手一边说出问候语。

13.称呼有礼，闻者心悦

称呼是社交活动中彼此之间所采用的称谓与呼语，无论是打招呼还是进行交谈，都免不了要称呼对方，这是对人最基本的礼貌与尊重。但需要注意的是，在称呼别人时，如果使用不当，可能会贻笑大方。切记，称呼有礼，才能让闻者心悦。

小邱大学刚毕业，非常幸运地找到了一份外贸公司的工作。在入职之前，小邱的父母叮嘱她，对公司的前辈要尊敬，见到人就开口叫一声"老师"。因为小邱的父母都从事文化类工作，在这个行业里，"老师"基本上已经算是一种约定俗成的尊称了。

结果，小邱按照父母的吩咐，见到同事就张嘴叫"老师"，却把大家都弄得十分尴尬，因为在公司里，还从来都没有这样称呼别人的惯例。

职场新人芳芳也因为称呼的问题搞得自己焦头烂额。芳芳是某财经大学的毕业生，因为成绩优异，还没毕业就已经通过校园内部的招聘会，得到了进入某大型企业工作的机会。

入职之后，芳芳发现，公司里很多领导和同事也都来自财大，算是她的学长和学姐。尤其是自己的直属领导，居然是她同一个专业的学长，只是比她高了三届。于是，为了拉近彼此之间的距离，芳芳见到领导就热情地称呼他"学长"。

然而，这恰恰犯了公司的忌讳。要知道，在公司里，上级最反感的事情，就是下面的人拉帮结派，而"学长""学姐"这一类的称呼，显然容易惹人误会。果然，没过多久，芳芳的直属领导就被找去谈话了。之后，领导为了撇清关系，不仅没有对芳芳多加照顾，反而特意拉开了距离，每次见到她的时候都非常严肃。

可见，不恰当的称呼不仅不能为我们带来助力，反而会让我们在无形中得罪对方，给对方留下不好的印象。所以，一定要记住，称呼有礼，才能让闻者心悦；闻者心悦，才能对我们留下好的印象。

通常来说，在职场商务活动中，常用的称呼方式可以分为五种类别。一是泛尊称，即男性称为"先生"，女性称为"女士"，这是最保险的一种称呼方式，适用于所有人；二是职务类称呼，即以对方所担任的职务来称呼对方，如果对方身兼数职，那么通常都是以最高职务来称呼；三是职称类称呼，当对方具有技术职称，尤其是中高级技术职称时，可以直接用职称类称呼方式来称呼对方，比如"教授""工程师"等；四是职业类称呼，即直接用对方的职业来称呼对方，比如"×老师""×医生""×律师"等；五是学衔类称呼，即以对方的学衔来作为称呼，通常适用于学术界人士。

需要注意的是，无论你使用哪一种类别的方式去称呼对方，都要注意几个关键点。

第一，三思而后言，当心称呼有歧义。

在日常交往中，我们称呼比较熟悉的人时，为了方便，通常会使用一些简称，比如称呼"×总经理"为"×总"，"×副董事长"为"×副董"，"×处长"为"×处"。但有的时候，一些姓氏与这样的简称结合之后，很容易出现歧义，如果不注意，就可能闹出笑话，得罪人而不自知。

比如面对一位姓"聂"的处长，就千万不能称对方为"聂处"；面对一位姓"吴"的工程师，就注意不要称呼对方为"吴工"；面对一位姓"习"的副总经理，就绝对不要称呼对方为"习副"。

开口之前多想想，三思而后言，才不会把称呼闹笑话。

第二，身兼数职，称呼就高不就低。

当我们使用职务类、职称类或学衔类等有高低之分的方式称呼对方时，一定要注意，如果对方身兼数职，或者有多重头衔，那么一定要就高不就低。比如对方如果担任总经理的职务，那么在称呼时，就千万不能只称呼为"经理"。

第三，千万别把复姓拆开念。

中国的姓氏是非常多的，除了常见的单姓之外，还有很多复姓。这一点是非常重要的，如果在称呼时不注意，将对方的复姓拆开来念，那绝对是一种十分失礼的表现，也容易给对方留下不好的印象，让对方感觉自己不受尊重。

比较常见的复姓有司马、上官、欧阳、夏侯、诸葛、南宫、西门、东门、左丘、百里、拓跋、尉迟、端木、皇甫、东方等。

商务活动，礼仪为重；与人交谈，称谓当先。合乎礼仪的称呼，才能让听到的人感到舒心、开心，这是达成愉快社交的第一步，只有

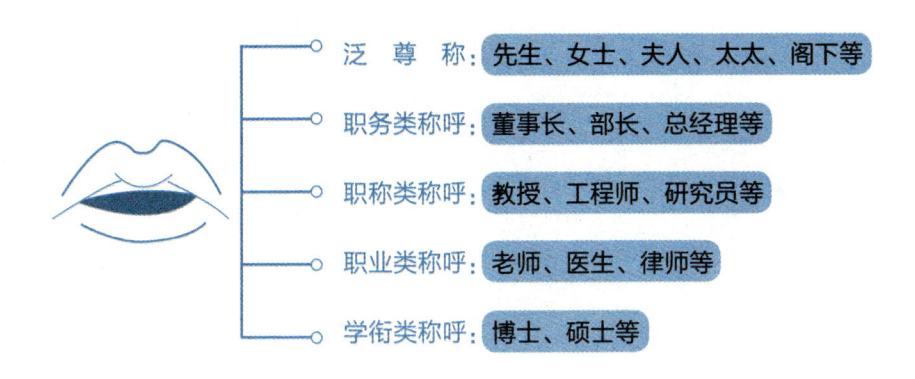

- 泛尊称：先生、女士、夫人、太太、阁下等
- 职务类称呼：董事长、部长、总经理等
- 职称类称呼：教授、工程师、研究员等
- 职业类称呼：老师、医生、律师等
- 学衔类称呼：博士、硕士等

图2-1 称呼的五种类别

做好了这一步，才能为接下来的交谈，乃至往后的社交开一个好头。

另外，需要注意的是，如果需要对多人进行称呼，那么一定要注意好称呼的顺序，通常来说，应该是先上后下、先长后幼、先疏后亲、先女后男这样的顺序。如果是在商务活动中，需要向众人打招呼，那么应当按照"女士们、先生们、朋友们"这样的顺序来进行称呼为宜。

14. 主动介绍知规矩

在许多商务活动中，为了多扩展一些人脉，多结交一些朋友，多寻找一些机会，我们不可避免地需要主动出击，去和陌生人进行沟通。而在面对那些对我们并不熟悉的社交对象时，我们建立社交的第一步，无疑就是主动向对方进行自我介绍。如果我们能够在这个环节顺利赢得对方的好感，给对方留下深刻印象，那么对往后的合作显然是十分有利的。

商务宴请中结下的交情，基本都是不算数的，职场新人小蔡在经历了这样惨痛的教训之后终于懂得这个道理。

小蔡第一次和领导参加商务宴请时，招待的客户是王经理。王经理为人十分风趣，也没什么架子，小蔡和他很快就聊开了，席间更是直接称兄道弟，颇有一种相见恨晚的感觉。临别之际，王经理还一直拍着小蔡的肩膀，跟他说："以后有事，找你王哥，王哥罩着你！"让小蔡感动不已。

这之后，虽然小蔡因为工作调动，没有再和王经理有过交集，但他心里始终觉得，两人怎么也算半个朋友吧。

几个月后，在公司的周年庆典上，小蔡又见到了王经理，领导带着小蔡和另一个同事去和王经理打招呼。在领导和王经理寒暄完后，同事赶紧主动做了自我介绍，原本在同事介绍完之后，小蔡也应该主动做个自我介绍的，但他觉得，自己和王经理也算半个朋友了，没有必要再走一遍这种流程。于是，在同事介绍完之后，小蔡也不说话，只是笑眯眯地看着王经理，还冲他心照不宣地眨了眨眼睛。

结果，王经理却一脸迷茫地看着小蔡，根本不认识他。最后，还是领导站出来打了圆场，这才让尴尬的气氛有所缓和。小蔡这才终于意识到，应酬时兄道弟，吃完饭，大概也就抛诸脑后了。所以，为了不让彼此尴尬，在社交场上，甭管有没有打过交道，先站出来做个自我介绍，这样才能有效避免彼此之间陷入"相见不相识"的尴尬。

那么，在向社交对象主动介绍自己时，还有哪些规矩是需要注意的呢？

第一，寻找适当的机会。

要想在自我介绍时取得成功，或给社交对象留下好的印象，在开始自我介绍之前，一定要先对当下的情况有一个基本的了解与判断，找到合适的时机之后再开始自我介绍。

比如，当对方正忙着做某件事情，或者与某人交谈的时候，你贸然上前做自我介绍，必然会打断对方正在做的事情，这样一来，对方必然对你好感全无。又或者，如果对方当时情绪不佳，那么你上前做自我介绍，无异于是主动往"枪口"上撞，效果显然也不会很好。

所以，要想有一个好的开始，在自我介绍之前，我们一定要找到恰当的时机。比如当对方一个人独处，或者情绪非常好的时候，都是我们进行自我介绍的好时机；又或者在大家闲谈遭遇冷场的时候，站出来进行自我介绍，不仅不会打扰到对方，还能化解当下的尴尬，效果自然也会比较好。

第二，语气镇定，充满自信。

人的情绪和状态是会"传染"的。就好比一个推销员在卖东西，如果他在介绍产品时信心满满、神采飞扬，那么就会让人觉得，这件产品是好的，是令人信服的；但如果在介绍产品时，连推销员自己都畏畏缩缩、犹犹豫豫，那么恐怕没有几个人会看好这件产品。

自我介绍其实也是如此，当我们对别人进行自我介绍时，就相当于将自己变成一件向人推销的"商品"。在这个过程中，如果我们语气镇定、充满自信，那么必然容易得到对方的好感，让对方觉得我们是有"底气"的。相反，如果我们表现得羞羞答答、畏畏缩缩，那么自然也很难让对方对我们产生信心，这样一来，对方在后续的沟通与交流中必然会有所保留。

第三，不同情况用不同的介绍方式。

通常来说，在社交场合，我们进行自我介绍的内容大体由三个要素构成，即姓名、职业、职务。但并不是所有时候的自我介绍，都必须提及这三点，而是应该根据当下的情况，以及我们与对方结交的目的来决定，我们用什么样的方式、什么样的态度以及多少时间来完成这次自我介绍。

一般而言，有这样几种情况。

第一种情况是应酬式自我介绍。

在一些公共场合，或者是一般性的社交活动中，当我们和对方只是礼貌性地交际，并没有准备建立和发展更深入的关系时，就会使用应酬式自我介绍方式，只需要礼貌性地报出自己的姓名即可，比如"你好，我是×××"。

第二种情况是工作式自我介绍。

在工作场合，或者与商务活动相关的交际中，我们在进行自我介绍时，通常都会告知对方我们的姓名、供职单位，甚至是所在部门、所任职务乃至所从事的具体工作等，这就是工作式自我介绍。例如，"你好，我叫×××，是××学校的老师，负责教授××学科"。

第三种情况是交流式自我介绍。

在正常的社交活动中，如果我们希望能够和社交对象建立和发展更深入的社交关系，加深彼此之间的了解，那么就应该采用交流式自我介绍方式。这种介绍方式通常包括我们的姓名、籍贯、工作等基本情况，以及更私人的一些事情，如兴趣爱好，与对方可能有交集的人脉关系等，这样更便于之后话题的持续和扩展。

第四种情况是礼仪式自我介绍。

礼仪式自我介绍适用于报告、讲座、庆典、演出等这一类比较正式且隆重的场合，一般来说，礼仪式自我介绍除了自己的姓名、单位、职务等基本信息之外，还需要加入一些相应的敬辞或谦辞。

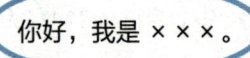

图2-2 四种不同情况的自我介绍

15.握手细节需明了

在社交场合，握手已经成为一种人与人之间的基本礼仪，同时也是展示一个人礼貌与教养的标准。在一个简单的握手动作里，可能涵盖着彼此之间的问候、想念、博弈，甚至是敌意等多重含义，而通过握手，别人也会对你做出一个粗略的判断。可以说，握手是社交真正开始的第一步。

那么，在握手时，有哪些细节需要注意呢？

第一，握手姿势要正确。

在商务场合中，最标准的握手姿势是，在距离对方大约一步远的位置，上身稍稍前倾，并伸出右手。握手时，要与对方虎口相对，握住对方的手掌，上下晃动几下。需要注意的是，握手一定要用右手，即使你的左撇子，也不要用左手。如果是特殊情况，那么需要向对方作出解释，以免让对方感到不快。

第二，握手时间把握好。

根据国际通行的商务礼仪，握手的时间一般是持续三到五秒。但考虑到我们中国人性格都比较含蓄和内敛，所以通常情况下，握手时间持续一到三秒也是可以的。但需要注意的是，不管握手时间有多久，在与对方握住手之后，至少要上下晃动两三下，这样才能完成握手。

另外，在某些特定的时候，握手的时间长短也可能会透露出其他的含义。比如在谈判之前，如果谈判对手在和你握手时，一直握住你的手不放，那么很可能意味着他在通过这种方式来与你争夺两个人之间的主动权。这时候，如果你先收手，那么很可能就会让对方认为你在退却，这样一来，势必会影响到接下来的谈判和交涉。

第三，握手力度要合适。

握手的力度把握也是非常重要的。在英国的外交官训练中，要求与人握手时，握力要达到两公斤。两公斤是一个怎样的概念呢？举个例子，比如你手里握着一个鸡蛋，别人用筷子去戳它，要是一戳，鸡蛋就从你手里掉出来，那就说明握力没有达到两公斤；如果一戳，鸡蛋碎了，那就说明你的握力已经超过了两公斤，握得太用力了；只有戳过去，鸡蛋没有碎，也没有脱手，才说明握的力度刚刚好。如果这么说还是很抽象，那么我们也可以考虑买一个握力器，这样可以更清晰地感受到，两公斤的握力大概是一个怎样的力度。

当然，最好的训练方法始终是实践，毕竟男性与女性的力气是有差异的，与男性和女性握手时，能够让对方感到舒适的力度也会有所差别，只有多和不同的人握手，才能找到最合适的力度。

需要注意的是，现在很多性格测试中都会提到，通过握手可以反映一个人的性格，如果一个人在与人握手时软绵绵没力气，那可能意味着这个人性格不够强势，也不够果断，对自己也不够自信，这样的人做事时往往可能犹犹豫豫，拖泥带水。不管这样的说法究竟够不够准确，但至少看过这种观点的人，很可能会通过这种方式去判断与之握手的人的性格特点，从而影响到之后的交往与合作。

因此，在商务活动中，我们与人握手时，一定要控制好力度，这也是一种向对方展示自信、表达热情和友好的方式。当然，也并不是说握手时力气越大就越好，力气过大，很可能会给对方造成误解，以为你在挑衅他。

第四，眼神不要四处飘。

与人握手时，要面带微笑，眼神要注视对方。试想一下，当一个人和你握手的时候，眼睛却看向其他人或其他地方，你会有什么感受？是不是会觉得他非常敷衍，甚至对你不够尊重？同样的，如果你和别人握手时，也这样眼神乱飘，那么势必会让对方感到不高兴。

所以，一定要记住，无论在什么样的场合，无论发生什么样的事情，在和别人握手的时候，眼睛一定注视对方，不要四处乱飘，尤其是人多的时候，千万不要和这个人握手，眼睛却看着那个人。

第五，如何握手看场合。

很多人都强调过，男士和女士握手的时候，要注意时间更短一些，用力更轻一些，通常来说就是轻轻握住女士的手指即可，不然会显得比较唐突，或让对方感到不舒服。但需要注意的是，如果是在比较正式严肃的场合，或者在某些重要的商务活动中，最好不要以性别来区分握手的方式，不论是和同性还是异性握手，最好都采用最标准的方式。

请记住，握手的礼仪一定要掌握好，尤其是在商务活动中，千万

眼神不要四处飘

如何握手看场合

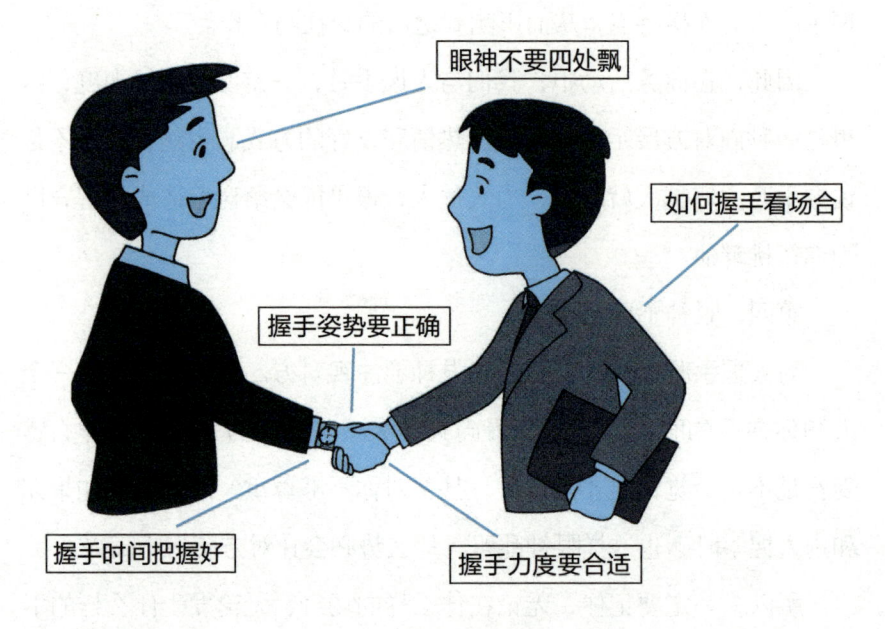

握手姿势要正确

握手时间把握好

握手力度要合适

图2-3 握手指南

不要因为小小细节的疏忽,而丢失重要的机会。

除了这些细节的掌握之外,在握手时,有一些禁忌也同样需要我们注意。

第一,握手时切忌用左手,即使你是左撇子,也要使用右手和别人握手。如果有特殊情况,如右手受伤,那么在用左手和对方握手时,一定要事先致歉,把情况说清楚。

第二,握手一定要起身,切忌坐着和别人握手。

第三,在中国式社交场合中,如果戴着手套,在握手时一定要先摘下手套,切忌戴着手套和别人握手。

第四,握手时,一定要保持自己的手掌清洁和干净,如果是容易出汗的人，那么在和别人握手之前，最好先用纸巾或湿纸巾进行清洁。

第五，切忌交叉握手，在和别人握手时，一定要正面转向对方，不能为了方便就交叉握手，这是非常不礼貌的。

第六，握手时要把注意力放在与你握手的人身上，切忌三心二意，左顾右盼。

16.迎三送七

常听人说"迎三送七",意思就是说,如果迎接客人时用了三分力,那么送走客人时就应该投入七分力。这一点无论是商务活动中,还是日常生活中都是非常有道理的。

道理其实很简单,客人登门,那必然是带着尊重和好意来的,或是来照顾你的生意,或是上门进行拜访,这种时候,你对客人的热情和尊重,都可以说是"理由充分"的,毕竟人家主动登门,你热情一些、殷勤一些也是理所应当的。

等会谈或拜访结束了,客人才会离去,这种时候,如果你对客人的热情比迎接他们到来的时候下降了,难免会让人觉得,你已经达到了目的或得到了好处,就失去耐心,所以才会热情下降。如此一来,客人心中自然有疙瘩,彼此之间的感情也会受到影响。

在三国演义中,有一段非常精彩的故事,即刘备送徐庶。

徐庶原本是个游侠,后来弃武从文,不过数年就已经小有所成。之后,徐庶投奔到刘备麾下,诸葛亮就是徐庶推荐给刘备的人才。后来,因曹操接手荆州,徐庶的母亲落入了曹操手中。徐庶为人孝顺,为了母亲，只得离开刘备，改投曹操帐下。

得知徐庶的决定后，刘备并没有责怪他，而是对他的决定表示了理解。在徐庶离开之际，刘备还亲自送他出城，依依不舍地一直送到了十里亭外，甚至还让手下的人把周围的树木都砍掉了，就是为了能多目送徐庶一段路程。

之后的故事大家都知道，徐庶到了曹操麾下之后，依然一心想着刘备，不曾为曹操出过一个计谋，上演了一出十分经典的"身在曹营心在汉"的戏码。

不管出于什么样的原因，客观来说，徐庶的离开对刘备而言，都是一种"背叛"。刘备是完全有权力、有理由去责怪他，甚至冷待他的。但刘备并没有这么做，他不仅没有因为徐庶要离开就对他改变态度，反而在送别徐庶时，表现得比从前更加真挚，也正是这份真挚，深深打动了徐庶，让他下定决心，哪怕自己离开了，也绝对不做对不起刘备的事。

所以我们才说，待人接物要做到"迎三送七"。迎接时热情，送别时更热情；迎接时殷勤，送别时更殷勤。这样才会让人觉得，你的热情与殷勤是真诚的，不是为了他们手中的利益，没有那么强烈的目的性。

李然刚开始创业的时候，公司发展得非常艰难。有一次，因为一位客户临时毁约，李然的公司陷入了危机，如果不能尽快把积压的货品出售，就可能导致公司资金链断裂，甚至直接拖垮整个公司。

为了解决这个大危机，李然忙得焦头烂额，幸好一位朋友从中牵线搭桥，给他介绍了一位大客户，才帮助李然渡过这次危机。但令人感到奇怪的是，这件事情之后，李然却感觉这位朋友对他的态度变得冷淡了许多，可他不管怎么想也没能想通，自己到底什么时候得罪了朋友。

直到后来，李然诚恳地向朋友请教，两人开诚布公地谈了谈，李然才终于明白为什么后来朋友对自己的态度会有这么大的改变。

原来，当时李然为公司的事情忙得焦头烂额，朋友为了帮助他也劳心费力，好不容易终于找到了一个愿意接手李然公司货物的大客户。朋友带来了客户，李然自然是激动不已，亲自去迎接，还热情地端茶倒水。

完成牵线搭桥的任务之后，朋友也有自己的事情要忙，便提前离开了。当时，李然正忙着和客户谈事情，不免就有些冷落朋友，这让朋友心里有些不高兴，但他也能理解李然的处境。可之后几天，李然一方面要和客户谈合作的事情，一方面要处理公司乱成一团的大小事务，就一直没有联系朋友，甚至连电话都没有打。

朋友告诉李然，虽然他理智上能够理解李然当时确实有很多事情要忙，但是感情上难免还是会觉得有些不高兴，仿佛自己没有利用价值了，连应酬都懒得应酬。

这件事让李然触动很大，之后，无论在生活中，还是在事业上，他都一直遵循着"迎三送七"的原则，用心对待每一位朋友和每一位客户。

那么，在生活中，我们具体应该怎么做，才算是遵循"迎三送七"的原则呢？

以客人到家中做客为例，当客人来的时候，我们只需要在家门口等待迎接即可。但是当客人离开的时候，我们至少应该将客人送到电梯口，或者院子里，然后目送客人离去，之后再返回。

同样，如果有客户到公司拜访，客户来的时候，我们可以在公司内迎接客户，但事情谈完，客户要离开的时候，我们则应该至少将客户送到公司门口，目送客户离开。

除了距离之外，"迎三送七"的原则也要体现在态度上。对待上门拜访的客人要热情，送别客人离开时更要热情，要让客人觉得依依不舍，体现出"过犹待，百步余"。这样才会有下次、下下次的拜访，感情也才能细水长流地发展下去。

17. 去别人家拜访的做客礼仪

走亲访友是现实生活中最常见的一种社交形式，但去别人家拜访做客，在言谈举止方面是有很多忌讳的，如果我们不注意自己的言行，那么很可能就会在拜访的过程中冒犯对方，甚至影响到彼此的关系。

那么，去别人家拜访做客，到底需要遵循哪些规矩呢？

第一，拜访之前先预约。

如果你打算去别人家中拜访，那么一定要先联系对方，并与对方约定好拜访的具体时间，千万不要不打招呼就突然上门，这是非常不礼貌的行为。更何况，别人或许早已经对自己的时间做好了分配和计划，你在不打招呼的情况下贸然上门，必定会打乱对方的计划，这样的行为是让人心里不舒服的。

第二，受到邀请要及时答复。

当你接收到别人的邀请时，一定要及时答复，不要让对方久等。如果答复之后，中途又发生变故，那么一定要尽可能地提前通知对方，以免耽误对方的时间与计划。

第三，注意服装和仪表。

去别人家中拜访，一定要注意自己的仪容仪表，做到干净、整洁、庄重。这是最基本的礼仪，同时也是对他人的一种尊重。但需要注意的是，去别人家中拜访时，一定不要穿得太过于华丽，以免让人觉得你是在故意炫耀。

第四，注意时间，准时赴约。

无论做任何事情，守时都是非常重要的，去别人家拜访同样如此。此前说过，在去别人家进行拜访之前，我们一定要先与对方联系，约定好准确的时间。而既然约定了时间，那么作为客人，我们就应该守时守信，按照约定的时间上门拜访，不能太早，也不能太晚。时间太早，主人家可能尚未做好准备，迎接你的拜访会比较仓促；时间太晚则可能让对方久等，甚至耽误对方之后的计划和活动。这是一个最基本的礼仪问题。

第五，进门先问候。

去别人家中拜访的时候，进门要先问候主人和他的家人，不要擅自越过主人走进屋内，要与主人家的成员一一寒暄完毕之后，再等主人进行安排。如果主人尚未发话，就径直闯入别人家中，那是非常不礼貌的行为。

第六，不要"动手动脚"。

很多人去别人家拜访的时候，手总是闲不下来，摸摸这里，探探那里，殊不知，这样的行为是最容易让人厌烦的。更何况，谁也不知道你在动手动脚的时候，会不会一不小心就发现什么隐藏的"秘密"，从而让彼此陷入尴尬。

第七，掌握时间，适时告辞。

拜访别人的过程中，时间一定要控制好，因为很多时候，主人都是不好意思对客人下"逐客令"的，哪怕他们心里再不耐烦，也不一定会表现出来。但如果到了这种时候，你依然还"死皮赖脸"地待在别人家不肯走，那么必然会招致主人的嫌弃与反感。

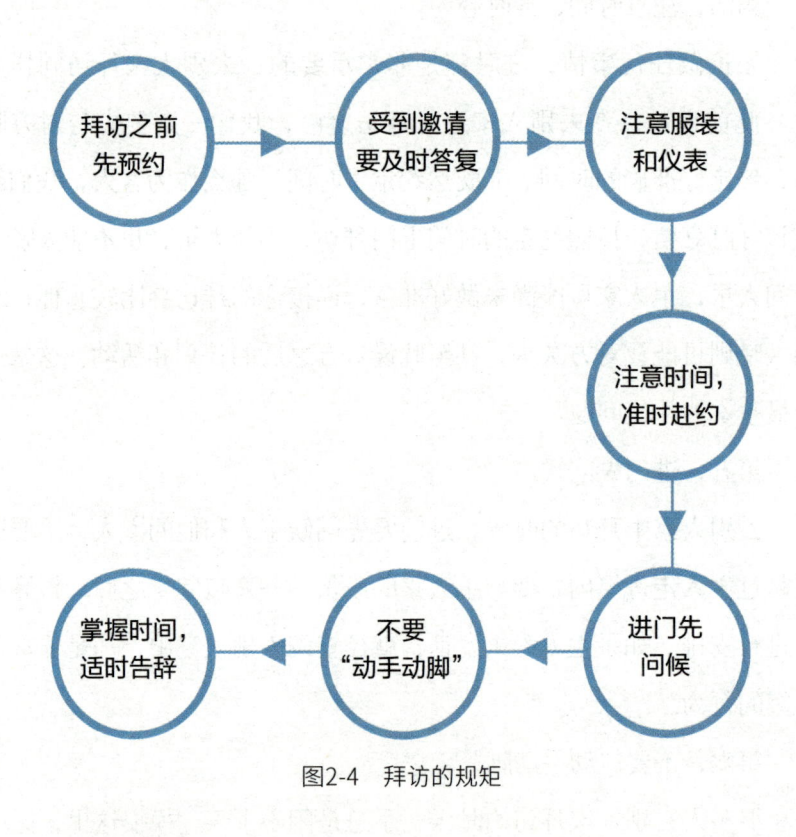

图2-4 拜访的规矩

一般来说，当我们和主人谈话时，如果发现对方开始心不在焉，所答非所问，或者长吁短叹，时不时看看钟表的时间，那就说明，这个话题应该结束了，此次拜访也应当告一段落。此时，作为客人，主动提出告辞绝对是最妥当的，同时也将换来对方的好感。

需要注意的是，在告辞之前，最好能对主人友好热情的招待道一声谢，并加上几句"承蒙款待，多有打扰"之类的客套话，这样必然能让主人的心情更加舒畅。此外，在告辞时，一定要稳住自己的动作，不要显得过于急不可耐，以免让对方觉得，是因为自己的招待不够周到，才让你这样迫不及待地想要离开。

18.去女朋友家做客需要注意的事项

恋爱谈到一定时候，双方感情趋于稳定，那么接下来自然就该到对方家中拜访一下了。通常来说，一般都是男方先到女方家中进行拜访。那么，去女朋友家拜访做客时，有哪些事情需要注意呢？

第一，知己知彼，提前了解她的家人。

去女朋友家拜访，说到底，主要是和对方的家人互相了解。既然要打交道的对象是女朋友的家人，那么在拜访之前，自然应该对其有一个大致的了解，做到知己知彼。

所以，在决定拜访之后，不妨先通过询问女友等方式，对其家庭成员有一个大致的了解。如家中有几口人，父母从事什么样的职业，文化水平如何，有什么样的兴趣爱好，有哪些重要的人生经历，性格脾气如何等，知道得越详细，在制定"拜访计划"时才能有越多的自信，与对方谈天说地时，也才能做到有的放矢。

此外，如果男方属于性格比较腼腆、不太擅长交际的类型，那么在去拜访之前，也可以自己先提前拟定好一些对方家人可能会询问到的问题，比如自己的工作、家庭、爱好等方面的内容，事先做一些准备，以免到时候因过度紧张而头脑一片空白，无法给出让人满意的答复。

第二，准备礼品，做到投其所好。

初次拜访，必然是要准备礼品的，而准备礼品，最重要的就是投其所好。比如给老人送酒、茶叶、保健产品或地方特产通常都错不了，给年轻人送模型、玩具、游戏机都可以。但如果二者颠倒过来，那么哪怕礼物再贵重，恐怕都不能赢得对方的认可。

当然，如果实在想不到送什么，那么买一些水果或特色食材也是非常务实的选择，既能避免买到别人不喜欢或者不实用的东西，也避免了因为礼物不合心意而失去对方好感的风险。更何况，无论是大人还是小孩，大概都无法拒绝美食的"魅力"。

第三，言谈诚恳，不要吹牛。

在长辈面前，说话要朴实、诚恳、不做作、不油滑，要让对方感受到你的真诚，而不是用好听的空话包装自己，打肿脸充胖子。需要注意的是，不论你与恋人平时关系有多么亲近，在父母面前，都不要做出过分亲密的举动，否则会让对方认为你不尊重女方。

第四，把握时间，不要没完没了。

作为主人方，自然是不方便主动提示客人时间的，所以作为客人就要把握好拜访的时间，该告辞时主动提出告辞，不要总是没完没了，可能就会惹人厌烦。此外，通常来说，当你提出告辞的时候，主人方出于礼貌，可能会提出挽留。这时候，千万不要把这种客套的挽留当真，所谓"过犹不及"，没完没了地耗时间不仅不能给你加分，反而会让人觉得你"没眼色"。

19.送礼物时如何表达自己的心意？

我国讲究礼尚往来，从古至今，每当三节两寿之际，都要给长辈或亲戚朋友送礼来聊表心意，这可以说已经成为我们民族文化的一个重要组成部分。但在职场中，送礼物却是一件非常有讲究的事情。送得不对，送得不好，就容易让好事变成坏事。

谭俊刚进入职场的时候，就因为送礼不当，引发了一场乌龙事件。

那时候，谭俊刚参加工作没多久，就非常幸运地被选中，加入了公司一个非常重要的项目小组。作为一名新人，第一次参与这样重要的项目，自然遇到许多困难，幸好他得到了同事小王的帮忙，教了他不少东西，这让谭俊对同事小王一直非常感激。

项目完成后，就到了临近中秋节的时候，谭俊一直很想感谢同事小王，思前想后，便决定送他一盒月饼。这盒月饼可不是在外面随便买的，谭俊的母亲做月饼的手艺很好，虽然现在退休在家，但也只有临近过节的时候才亲自出手，做一些私房月饼送给亲朋好友。

虽然只是送些月饼，但年轻人毕竟脸皮薄，实在不好意思当着众人的面送出去。于是便趁着午休的时候，偷偷摸摸把同事小王叫来，把怀里包得严严实实的包裹塞给了小王，还特意压低了声音，对小王说："小王，我妈让我给您送个礼物。"话才说完，还没等小王说什么，谭俊已经偷偷摸摸地跑回了办公室。

这一番动作把小王给弄懵了，之前他照顾谭俊，是觉得这孩子是个好苗子，工作态度谦卑有礼貌，愿意细心请教。可怎么也没想到，谭俊会偷偷摸摸地送礼物给自己，这让小王感觉十分尴尬，收也不是，退也不是。

虽然说在职场中，同事之间的馈赠行为有时确实容易引起误会，但其实只要把握好分寸，不要让双方尴尬，也不要送太过贵重的礼物，以免给对方造成心理上的压力，送礼这件事同样也是可以正大光明、坦坦荡荡的。

那么，具体应该怎么做呢？简单来说，需要遵循五项原则。

第一，送礼的目的要清楚。

俗话说"无功不受禄"，送礼也是一样，你送出的每一份礼物，都应该有清楚的原因和目的，这样才不会给收礼的人造成心理压力。如果你的礼物送了，目的却不清晰，收礼的人都不知道你为什么要送礼，那么这礼物也就相当于白送了。

第二，送礼要投其所好。

送礼物给别人，不管是为了表示感谢还是求人办事，都希望送出的礼物能够取悦对方，让对方心中欢喜，这样才能达成我们的目的。所以，在送礼物的时候，一定要投其所好，这样才能把礼物的功能和意义发挥到最大。如果只是敷衍了事地随便拎几包礼品，或根本不考虑对方能否用到，那么即使送的礼物再贵重，都不会让对方感到高兴。这样一来，送礼的目的自然无法达成，这礼物也就白送了。

第三，注意送礼的时间与场合。

送礼一定要选好时间与场合，否则就可能导致送的人心里忐忑，收的人也收觉得尴尬。比如在职场上，如果你想送一个礼物给同事聊表谢意，那么最好选择人比较少的时机，要低调地送。否则别人一看你送了礼物，自己却没准备，心中难免会生出意见。至于对方，当着众人的面收礼物，想必也会有些尴尬。

第四，态度坦荡，问心无愧。

之前说送礼要低调，但低调不等于偷偷摸摸。如果连我们自己送礼都送得鬼鬼祟祟、遮遮掩掩，又怎么可能让别人相信其中没有"猫腻"呢？之所以要低调，是因为这件事没必要大肆宣扬，以免让收礼的人，以及其他不准备送礼的人尴尬。而我们送礼物本就是一种表达心意的行为，是遵循礼尚往来的礼仪，态度自然应该大大方方、坦坦荡荡，只有我们表现出问心无愧的态度，才能让别人信服。

图2-5　送礼物指南

20.递接物品的小细节大智慧

在日常生活和工作中,我们常常会有递接物品的一些动作,很多人都不会特意留意这个动作,但殊不知,就是这样小小的一个细节,却能彰显你的礼仪与教养,给人留下深刻的印象。

谭倩倩是某公司的一名公关经理,长相漂亮脾气好,凡是她服务过的客户,就没有不对她交口称赞的,而她本人的经历实际上也是十分励志的。

谭倩倩出生于一个偏僻的小山村,十几岁的时候就因为家境困难,辍学和同乡到大城市打工。她做过许多工作,比如纺织厂的女工、饭馆的服务员,以及家政公司的小保姆。后来,她进入这家公司做了一名前台工作人员,但谁也想不到,这会成为她命运的拐点,成为她"腾飞"的开始。

谭倩倩的贵人是当时在公司担任副总经理的一位女高管,如果不是这位女高管将谭倩倩要到了公关部门,或许之后公司内也不会出现这样一位厉害的公关经理。

说起来,这位女高管之所以会注意到谭倩倩,也不过就是因为一个小小的细节。那时候,公司的许多快递、文件,都统一由前台负责收发,而很多人去前台取快递和文件的时候,都会直接拆封,将包装留下,只带走其中的物品。因此,为了方便大家拆封快递,前台特意准备了一把裁纸刀。

女高管当时也经常去前台取东西,她留意到,每次谭倩倩递裁纸刀给别人的时候,都是刀柄朝向对方的。很多人其实都不会留意这个小细节,或许就连谭倩倩本人都没有注意过,但这份体贴却被女高管注意到了。

也正是因为这个小小的细节,女高管开始留意到谭倩倩这个人,继而发现了她身上的诸多优点,这才直接向公司提出申请,把她调到了公关部门。

最不经意的细节,往往能最真实地反映出一个人的教养与礼仪,而这份教养与礼仪也正是最能打动人心的东西。所以,不要小看你的任何一个小习惯,也不要忽略生活中与人产生交集时的那些小细节,或许正是这些小习惯、小细节,在不知不觉中就会给人留下深刻印象,为你带来成长进步的机会。

那么,以递接物品为例,我们需要注意哪些关键细节,才能让每一个动作都彰显出礼貌与教养呢?

第一,礼貌。

无论是递物还是接物,我们的目光都应该是注视对方的,不能只顾盯着手里的物品。如果是接物方,那么在对方要递物品给我们的时候,最好能起身主动走向对方。需要注意的是,在接物时,最好等对方主动递出，我们再伸手去接，不要给人急不可耐、迫不及待的感觉，就好像是从对方手里抢东西一样。

第二，稳妥。

通常来说，无论是递物还是接物，最好都要用双手交接，这是对彼此的一种尊重。但如果在必要的时候，只用一只手也是无伤大雅的，最重要的是，在递接物品的过程中，我们要确保物品的稳妥和安全。具体应该如何进行递接，则主要根据物品的形状、重量以及易碎程度等方面进行考虑。

需要注意的是，如果我们需要递接的物品是容易伤到人的尖锐物，如刀、剪刀等，那么在递接的时候，一定记住不要将尖锐的一端指向对方，以免不小心伤到人。

第三，卫生。

递接物品，尤其是入口的食品时，一定要注意卫生问题。比如帮别人取食物，一定要记住使用公筷或手套等工具，不要直接用手拿；端茶或碗盘时，一定要小心，不要将手指搭在杯子或碗碟的边缘，更不能图方便就让手指伸入到碗碟中。

第四，到位。

在递接物品时，要考虑到别人是否方便接取，递交时要注意物品的高度，不能太高也不能太低，方便别人从你手中接取，这样才是到位的表现。

虽然说递接物品只是生活中非常普通的一个动作，但如果不注意这些小细节，在商务活动中，就很容易因为一时的粗心大意得罪人而不自知。所以，在递接物品时，一定要牢牢记住这些关键点和小细节，将礼仪变成一种习惯。

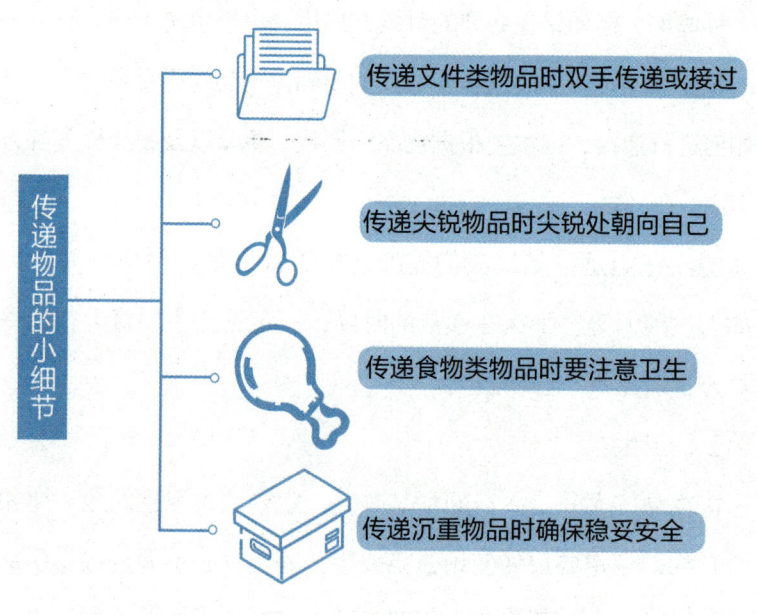

传递物品的小细节
- 传递文件类物品时双手传递或接过
- 传递尖锐物品时尖锐处朝向自己
- 传递食物类物品时要注意卫生
- 传递沉重物品时确保稳妥安全

图2-6　传递物品的小细节

21.接打电话有礼可循

对现代人而言，电话无疑是最为便利的一种通信工具，无论是日常生活还是商务活动，都免不了会有接打电话的时候。尤其是在日常工作中，电话的使用更是无处不在，而接打电话时你所使用的方式方法，也会直接影响到别人对你以及你所属公司的印象与评价。因此，掌握正确的接打电话方式，无论对于个人还是公司的发展，都是非常重要的。

在接电话的时候，有一些礼仪方面的细节是需要注意的。

第一，电话铃声不过三。

当电话铃声响起时，如果立即接听，可能会让对方感到比较唐突；但如果响铃很久也不接听，则会浪费彼此的时间，同时也会让对方产生不耐烦、焦虑的情绪，甚至怀疑你的工作效率。所以，通常来说，在电话铃声响三次之内接起电话，是最合适的时机。

第二，接通电话要问候。

在工作场合，接通电话之后，要做的第一件事就是向对方表达问候，并自报家门，让对方知道你是哪个公司、哪个部门，以免对方拨错电话，浪费彼此的时间。

第三，一心二用不可取。

在接电话的时候，如果我们正在做别的事情，那么最好先停下手里的事，先把电话处理好，不要一心二用，以免沟通出错。如果当时正在做的事情，除了你自己之外，还有别人参与，如开会、谈判等，那么一定要记得先向其他人说声抱歉，之后再接听电话。

第四，代接电话讲礼仪。

有的时候，我们除了会接到打给自己的电话之外，还可能会帮别人代接或代转电话，这时候，有几点也是需要注意的。

首先，在代接电话时，同样要做到以礼相待，当得知对方要找的人并不是自己时，可以友好地询问："不好意思，他现在不在，有什么需要我转告的吗？"

其次，在代接电话时，一定要尊重别人的隐私。比如在对方没有主动提及自己和所要找的人的关系时，不要主动询问。如果对方留下信息要求帮忙转达，也一定要做到守口如瓶，千万不能背后议论。

再次，在代接电话时，对于对方要求转达的内容，一定要清楚地记录下来，哪怕多问几次，也比因自己的疏忽而误事要强得多。

最后，在代接电话时，如果答应了别人帮忙转达信息，就一定要及时做到。为了更准确并高效地完成这件事，最好是自己亲自转达给当事人，不要为了图方便找中间人转述，以免不慎泄露他人隐私，或过分耽误时间。

第五，后挂电话表尊重。

无论是接听自己的电话，还是帮别人代接电话，都要注意，在通话完毕，对方向你告别，说了"再见"之后，一定要给出相应的回应，并最好等对方先挂电话之后再挂电话，以免对方还有未尽的话没说完，就被你直接挂断了电话。

⊙电话铃声不过三
⊙接通电话要问候
⊙一心二用不可取
⊙代接电话讲礼仪
⊙后挂电话表尊重

图2-7 接电话的注意事项

除了接电话之外，打电话更需要注意礼仪方面的要求。

第一，通话之前看时间。

如果不是情况非常紧急，最好不要在休息时间和用餐时间给人打电话，如果是公务电话，那么尽可能不要占用对方的私人时间，尽量选择在工作日进行处理。比如早上七点之前，晚上十点之后，以及午休、用餐的时间，都不适宜给人打电话。

第二，通话时长要控制。

通常来说，无论是工作通话，还是与商务往来有关的通话，时间都不宜太长，一般控制在三分钟以内是比较合适的。

第三，通话内容需简明。

在打电话时，要尽量做到简明扼要、直奔主题，把要交代的事情用清晰简洁的方式表述清楚，千万不要没话找话、没完没了。

第四，通话用语要文明。

打电话的时候，我们是无法看到对方的表情和动作的，只能凭借语言来表达自己的想法和意愿。所以，在进行通话时，不要吝啬礼貌用语，比如"您好""谢谢""麻烦""劳驾"等。

22.微信交流七要点

如果有人问，除了打电话之外，现代人最常使用的通信方式是什么？答案毋庸置疑——微信。

无论是生活中的八卦闲聊，还是工作上的商谈交流，都离不开微信。以前的社交场合，我们认识一个人，往往会和对方交换电话号码，而现在的社交场合，我们认识一个人，还会和对方互相添加微信。

那么，在使用微信与人进行交流时，有哪些要点需要特别注意呢？

第一，先做个自我介绍。

通过微信添加对方好友时，如果对方需要验证消息再添加，一定要记得在验证消息中告诉对方你是谁，这样才能让对方在第一时间知道你的身份，也更利于之后的沟通与交流。

如果你添加的对象是与你有商务合作关系或工作关系的对象，那么在验证通过之后，最好能先向对方做一个简单的自我介绍，如你的姓名、所属公司、所属部门、电话号码等，方便提醒对方了解你究竟是谁，以免在之后的谈话中发生尴尬的事情。

第二，有事说事，别问"在吗"。

微信聊天时，最好有事直接说事，千万别问"在吗"。有事直接说，对方心里也有底。如果问"在吗"，就容易让对方陷入两难的境地，说"在吧"，万一你说的事情对方不想答应，那该多么尴尬。所以，如果想让对方在，就永远别问"在吗"。

第三，对话用词要慎重。

在使用微信和别人聊天时，要善于使用微信的表情图片。要知道，中国的语言博大精深，有时候看似没有什么区别的话语，用不同的语调和语气念出来，都可能会给人截然不同的感受。更何况我们使用微信联系时，大部分时间其实都是使用文字来沟通的，这就导致很多时候，我们很难准确、生动地表达自己的态度与情绪，有时甚至可能还会让对方产生误解。

这种时候，微信表情的作用就凸显出来了。试想一下，如果我们只给对方发送一条文字信息——"在吗"，只凭借这两个字，对方就很难感知到我们的情绪。但如果能在文字前面或后面添加一个表情，就能更生动更准确地反映出我们当下的情绪状况了。

第四，慎发语音和视频通话。

使用微信聊天时，如果不是特别亲近的关系，最好不要发送语音消息，因为很多时候，对方所处的环境或正在做的事情，可能并不方便收听语音，所以尽量用文字的方式发送消息比较好。

如果需要和对方发起视频通话，一定要先征求对方的同意，毕竟不是每个人随时都有时间来迁就你、等候你，更何况，即使对方有空闲，也不见得想和你进行视频聊天。所以，一定要记住，先征求对方同意之后再发送通话请求，这是对彼此的一种尊重。

第五，结束要有告别语。

通常来说，如果是因商务活动相关的事宜而通过微信进行沟通，那么大约3~5分钟，也就能结束微信对话了。在结束对话时，千万不要用"哦""嗯"这样的语气词来敷衍对方，更不能直接长时间不回复。

在结束对话时，最好能有明确的告别语，比如"那就先这样，我还有一个会，您先忙"，或者"非常抱歉，我现在有点事，稍后再继续沟通"等，让对方明确地知道，你们的对话即将告一段落。

第六，发朋友圈要谨慎。

现在，很多人都喜欢在微信朋友圈中分享一些与自己相关的内容。很多人在添加对方为好友后，往往都会立即去翻看对方的朋友圈，并主动点赞和发表评论。殊不知，这种"急不可耐"的态度，很可能会让对方感到被冒犯，是非常不礼貌的行为。

此外，需要注意的是，在使用微信时，最好能单独申请一个工作专用的微信号。如果没有将私人微信号和工作微信号分开，那么在发朋友圈的时候，一定要慎重，千万不要发一些不适合被老板、同事以及客户等看到的内容，比如对工作的抱怨，或者充满负能量的感叹等，这些都可能拉低工作伙伴对你的评价。

还有一点是很多人都容易忽略的，那就是，在还有未回复信息的情况下，最好不要发朋友圈，否则很可能会暴露你明明看到消息却没有回复的事实。

第七，过滤"垃圾信息"推送。

现在很多手机软件为了做好推广，都会放出一些优惠或者福利，来吸引用户通过微信分享和转发他们的链接。很多人为了拿到这些优惠或福利，就会在微信上毫无顾忌地分享和转发，让好友帮自己"助力"。殊不知，这种行为很容易给他人造成困扰，这些"垃圾信息"的推送，也很容易让别人对你产生反感情绪。因此，不要为了一点点的小甜头，就肆意向你的微信好友推送"垃圾信息"，尤其是与你有商务往来的客户或合作伙伴，别让"垃圾信息"毁了你在对方心目中的信誉与形象。

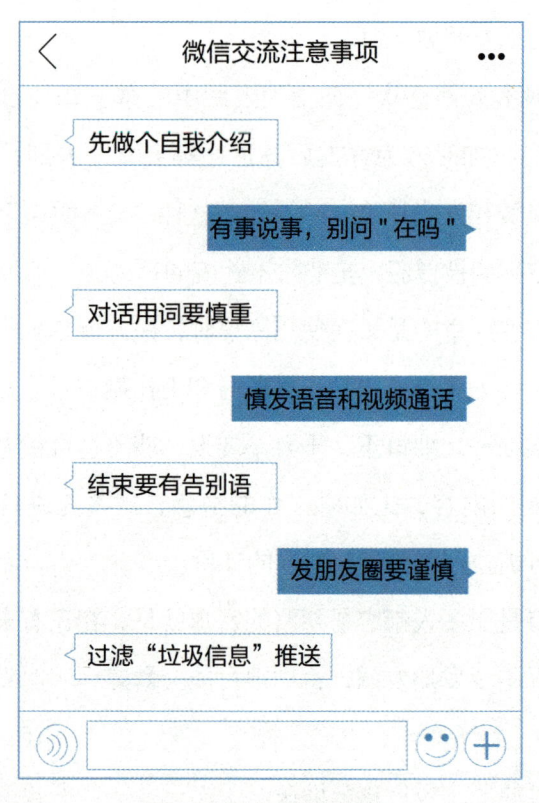

图2-8　微信交流七要点

23.线上交流也需要礼仪

除了面对面沟通，职场上的线上交流也很普遍。随着网络的快速发展，越来越多的人通过聊天软件、办公软件与同事、客户进行线上沟通。虽然这种沟通是非正式的，但礼貌、礼仪仍不可忽视。同事间还可以用一些表情符号或是网络用语，与客户沟通时就不能如此了。

但是有一些年轻人就没那么注意了。齐欢是个年轻人，个性时尚，待人热情大方，很受同事们欢迎。可同事们很快发现一个问题，齐欢用聊天软件与同事、领导沟通时，喜欢先发一个"？"，私聊是如此，在公司大群里也是如此。

一次，上司让同事A与齐欢一起拜访某个客户，询问客户对于公司产品的意见，并且商议下一年续约事宜。同事A把相关要求转给齐欢，并且与她约定第二天上午9点30分出发。谁知道齐欢只回了一个"？"，同事A懵了，不明所以，生气地回复道："你到底是啥意思？！只发一个问号，是不明白我说的话，不明白领导交代的任务，还是对于时间有意见？你会说话吗？会说话就好好说，不要只发一个问号！你这太不尊重人了！"

齐欢赶紧解释："对不起，我没有不尊重你的意思。我只是习惯了……"

同事A说："你习惯，我还不习惯呢！我告诉你，大部分同事都不习惯，只是不好意思说罢了！我劝你改改这个习惯，否则有你吃亏的时候。"

其实，不只是单发"？"，在一些句子中使用问号，也会令人反感。比如"这个方案怎么到现在还没做完？""为什么这个东西这么贵？""我又犯了什么错？"这些问号，看似客气，实际上带有责备、反问或质问的意思，很容易让人不满。

有一次，同事B接到一个棘手的任务，需要几个人来支援，领导让齐欢、同事A以及另一个同事参加。同事B通知了齐欢，齐欢询问："有我吗？"同事B感觉自己被质问了，说："这是领导让我通知你的，你质疑我也没用。"

齐欢很迷惑，解释说："我没有质问你，只是询问一下。"

同事B说："但你的信息看起来就是质问。"

喜欢用"？"的人，虽然你的提问是中性的，但也容易让人误会和反感。当然，这里面也有用词的问题，如果齐欢再考虑一下用词，不简化所说内容，而是说"我是一个新人，也能参加这么重要的任务吗"，或许结果就会不一样。虽然现代人交谈越来越简化，但是也不能为了简化而简化，使得说话内容缺乏完整性，或是引起误解。

所以，我们可以进行线上交流，但是必须注意以下几点。

第一，保持严肃性与专业性，尽量少用表情包。

一些不懂应酬交际的年轻人总是频繁使用表情包，虽然这些表情包很有趣，也很流行，实际上用在商务交谈中非常不合适，会被认为不严肃、不专业。

第二，尽量不用网络流行语缩写。

一些比较时尚的年轻人，使用的字体比较另类，还喜欢用一些网络流行语缩写，比如"YYDS""BTW"等。这不仅不符合商务用语标准，同时也会引起一些年龄比较大的领导或客户的反感。

第三，不能只发标点符号或表情。

一些年轻人喜欢只发标点符号，比如对方说了一个问题，他没弄清白，有些疑问，直接打个"？"；对方找他询问一些事情，他也打个"？"；对方跟他打招呼，说了一句"你好，在吗"，他也打个"？"，等等。这看似客气的"？"，其实很让人反感，让人感到敷衍与不耐烦。

还有一些年轻人喜欢发表情，不管别人跟他说什么，都用表情来回复，比如微笑表情、咆哮表情等。这些表情会让对方认为我们没仔细听他们说什么，无法理解对方的情绪。事实上，沟通是信息的交换，如果你只回复表情，就会中断表达，让对方产生抗拒心理，进而妨碍进一步沟通。

第四，尽量不发语音，杜绝发长语音。

与朋友、家人沟通时，我们可以发语言，但是进行商务沟通时尽量要做到不发语音，更不能发长语音。发文字，你花的时间多，对方花的时间少；发语音，你花的时间少，对方花的时间多。

发语音，其实是用自己的时间与对方的时间进行交换。你宁愿多花一些时间来编辑文字、组织语言，目的是让对方能在短时间内看懂你的话，抓住你话里的重点，这是对对方的尊重与重视。而发语音就恰好相反了，你滔滔不绝地说着，让对方花很多时间去听、去分析、去辨别，是一种自私与不尊重他人的表现。所以，前者招人喜欢，而后者令人反感。

第五，聊天前，必须有称呼。

打电话也好，线上交谈也好，必须有称呼。比如，"××你好，我有个事情与你商议""老陈，你现在忙吗"。没有称呼，直接就来"我有事和你说""你把那个文件给我送过来"，会让人觉得不舒服，甚至不被尊重。

第六，不要只回一个字。

很多人回复他人的信息只回一个字，如"嗯""好""哦""不"……别人说一句话，你只回一个字的行为很让人反感，感觉你完全没把人家的话放心上，对对方毫不在意，怎么能给对方留下好印象呢?

线上交流注意事项

◆ 尽量少用表情包
◆ 尽量不用网络流行语缩写
◆ 不能只发标点符号或表情
◆ 尽量不发语音，杜绝发长语音
◆ 聊天前，必须有称呼
◆ 不要只回一个字

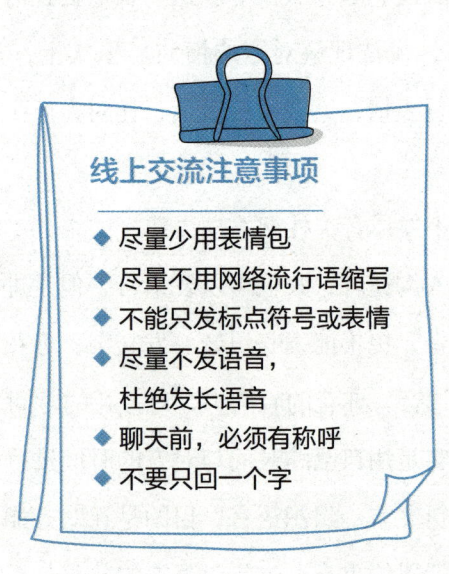

图2-9 线上交流的注意事项

24.逢年过节，你会群发信息吗？

逢年过节，与同事、领导、客户间相互拜年祝福是一种礼仪，也是一种应酬。之前是电话，后来是信息，现在则是微信。靠拜年、祝福来保持联系，或是维持人情本无可厚非，然而这件看似很小的事，却越来越暴露一些人的情商。

因为这些人发出的信息虽然样式多种多样，但祝福都是千篇一律，几乎都是网上或微信群中"复制、粘贴"而来，然后再群发出去。这些群发的信息，看似祝福满满，实际上满是敷衍，让收到的人感受不到多少真情。

换句话说，群发那些千篇一律的信息并不见得能让人有好感，但这并不意味着绝不能群发。那么，这里面有哪些禁忌呢？

第一，言辞丰富，但透露着敷衍。

很多网络上流行的拜年话、祝福语都是语言华丽、辞藻优美的，虽然"好听"，但满是敷衍与糊弄。这样的信息一般是"复制、粘贴"而来，或是直接"一键转发"，远远不如一句简单而真诚的问候或祝福更真诚、更实在。

试想，人们收到的祝福信息完全一样，一看就是群发或转发，这样一来，谁愿意回复，谁又会感受到真情？

第二，平时不联系，只逢年过节群发祝福。

很多人不懂人情世故，平时与同学、朋友、客户不联系，电话不打、微信不发，却在逢年过节时群发祝福。如果对方回复，询问他工作如何、生活如何，他却再也没有下文。这样的情况只会让他人缘尽失，在生活和工作中都寸步难行。

事实上，这样的信息还不如不发。

第三，祝福中索要红包。

现在很多人喜欢用红包表达感情，过年期间更是如此。于是，一些人会群发拜年信息，然后在祝福中索要红包。比如"那些年我错过了你，但今天，我不想再错过你……的红包""春节即将来到，祝福已经传到；家人马上全到，问候已经先到；红包还没有收到……"把这类的信息发给家人、好朋友还可以让人接受，但是如果发给同事、领导，那只会让人尴尬、反感。

第四，直接群发一些图片，没有下文。

直接群发一张图，之后没有下文，这是不礼貌的行为，会让人感觉自己不受尊重。

很多人说，群发拜年信息，其实是发出者的"自嗨"，只顾着自己开心，却没有考虑接收者的感受，更没有设身处地为他人着想。当然，我们不是坚决反对群发信息，而是反对敷衍与虚情假意。所以，群发信息时我们必须注意以下几个要点。

第一，简约表达，语音辅助。

祝福语要简单、朴实，只说一句"×××，春节快乐"也很好。之后再发一些简短的语音，表示问候与祝福，对方自然能感受到真诚与用心。

第二，私人定制，逐个发布。

花时间与精力有针对性地为同事、领导、客户编写一些信息，有称呼，有签名，然后逐个发布，别人肯定会感受到这个祝福的真心诚意。

第三，把祝福发在私人的"地盘"。

不群发信息，可以把祝福发到自己的签名栏或者朋友圈，看到的人也可以收到祝福，效果或许比群发更好。

25.乘车礼仪

无论是在商务活动还是日常社交中,乘车都是一件非常普遍,甚至可以说每天都在发生的事情。那么,对于乘车方面的礼仪,你了解多少呢?

看到这个问题,很多人可能会觉得,乘车这件事,不就和吃饭、喝水一样,每天都在做吗?还需要礼仪吗?要知道,不管我们乘坐的是什么样的车,在一个狭小的空间中与别人相处,若是言行不得当,就非常容易引起对方的反感与尴尬。因此,乘车自然也要讲究礼仪,若是因为这些小事出现失礼行为,而失去了客户的好感与认可,那可就得不偿失了。

那么,在乘车时,有哪些事情需要注意呢?

首先,我们需要注意的是乘车的位置问题。

如果是两人出行,对方开车,那么直接选择坐在副驾驶位置就行了,这样更便于双方进行沟通。当然,如果你是对方的领导或长辈,或者对方是你不太熟悉的异性,那么选择坐在后座也是没有问题的。

如果是多人乘车，且同行的对象中有领导或长辈，那么在安排位置时，就要根据车型来调整了。如果车型比较小（像轿车等），那么让领导和长辈坐在更为宽敞舒适的副驾驶位置是比较好的；但如果车型比较大（像SUV等），那么就应该让领导和长辈坐在安全系数更高的后排（司机的斜后方为方便位）。对待客人也是同样的道理，一切要以对方的舒适与安全为先，这是对对方的一种尊重。

其次，我们需要注意的是上车的顺序问题。

在乘车时，既然已经考虑过位置的安排，那么上车的顺序自然也就明了了。通常来说，应该先安排领导、长辈以及客人上车，引导他们在合适的位置坐定之后，自己再上车，这样也更方便选择自己的位置。

最后，我们需要注意的是乘车过程中的表现。

有一些人在乘坐别人的车时，为了表示亲昵，拉近彼此距离，往往会在上车后对车子进行一些评价。这原本无可厚非，但是在评价时，最好不要出现负面评价，比如"这车开了有些年头了吧""××车的设计就是不太好"等。没有任何人会喜欢听别人否定自己，包括自己的东西，所以哪怕安静地坐着，也比随意吐槽要礼貌得多。

此外，在乘坐别人的车时，尽量不要乱动，尤其不要随意翻看车里的东西。对于任何一个车主来说，车子都是自己的私密空间，哪怕是关系亲密的朋友，随意侵犯自己私密空间的行为也会让人感到不快，更何况是关系一般的人。

还有一点是非常重要的，那就是不要在乘坐别人的车时吃东西，这是非常不礼貌的行为。另外，车内空间本就比较狭小，食物的味道很容易引起别人的不适。

乘车出行是日常生活以及商务活动中最普遍也是最常见的事情，所以更需要注意这些细节。乘车有礼，行为得体，才能收获别人的好感，赢得别人的尊重。

26.电梯礼仪

随着高层建筑的不断增多,电梯已经成为我们日常工作和生活中必不可少的辅助工具之一。那么,在乘坐电梯时,又该注意哪些礼仪呢?

首先,说一说乘坐电梯时应当遵循的基本礼仪。

1.在乘坐电梯时,应当遵循先下后上的原则,让电梯里的人先出来,我们再进去。因此,在等候电梯到来的时候,应该站在两边,不要站在电梯门的中间。

2.如果乘坐电梯的人比较多,那么率先进入电梯的人,应该自觉靠边,站成"凹"字形,以便让后面的人能方便进入。

3.靠近电梯按键位置的人应主动按住"开门"按钮,等后面的人进入完毕之后,再关闭电梯门。

4.电梯中空间比较狭小,站立时要统一面向电梯口,避免造成近距离面对面的尴尬。

5.如果是乘坐自动手扶电梯,那么应当自觉站立在靠右侧的位置,将左侧留出,让有急事的人可以通过。

遵循乘坐电梯的基本礼仪,既是个人素质和教养的体现,也是乘坐电梯的安全保障，无论我们是独自乘坐电梯，还是与别人共乘电梯，都应当遵守。

那么，在商务活动中，与领导或客户共乘电梯时，又该注意什么呢？

第一，进入电梯的顺序。

在与领导或客户同乘电梯的时候，如果乘坐的是有人控制的电梯，那么应当让领导或客户先行进入；如果乘坐的是无人控制的电梯，那么我们应该先进入电梯，控制好开关按钮之后，再礼貌邀请领导或客户进入。

第二，乘坐电梯的注意事项。

与领导同乘电梯时，最好不要主动开口寒暄，把是否发起话题的主动权交到领导手中。如果领导主动打破沉默，和你聊家常，那么不妨表现得积极热情一些。但如果电梯中有第三个人存在，那么谈话内容最好不要涉及领导的私事。

与客户同乘电梯时，如果电梯内没有其他人员，可以考虑主动和客户寒暄几句；如果电梯内有其他人员，那么可视具体情况而定。

需要注意的是，因为电梯空间比较狭小，为了不给同乘的人造成压力，最好能够侧身面对领导和客户。

第三，离开电梯的礼仪。

离开电梯时，无论是乘坐有人控制的电梯，还是无人控制的电梯，都应该让领导和客户先下。如果是无人控制的电梯，那么在领导和客户离开的时候，要负责控制好电梯的开关按钮，让领导和客户先走出电梯。

细节决定成败，做好每一个细节，将礼仪融入生活，变成习惯，你的人缘一定会越来越好。

第三章
说话有度

Business Etiquette

27.商务接待"五不谈"

在职场中,商务接待工作是经常遇到的,很多时候,你的接待是否到位,能不能让客户心情愉悦,往往可能直接影响到合作的成败。可以说,商务接待也是投资的一个重要环节,即使做不到让客户百分百满意,但至少也要知道,如何才能避免引起客户的不快,不让客户对你产生厌恶感。

在商务接待中,与客户聊天时,一定要做到"五不谈"。

第一,不谈客户是否到过本地。

很多人在接待客户时,通常都会先问一句"您来过本地吗",如果客户说没来过,那么就能顺势向客户介绍本地的情况,有什么特色,有什么好吃的、好玩的;如果客户说来过,那么就能顺势询问客户是什么时候来的,对本地印象怎么样。

乍一看,这似乎是一个建立交流、打开聊天局面的好话题,但实际上,这样的问题是非常容易"踩雷"的。这样的话题可以由客户主动开启,但我们最好不要主动询问,以免不经意间触及对方不愿提及的隐私。毕竟现在很多人的行程都是保密的,尤其是那些大公司的高管。

第二，不谈知识性、常识性问题。

有的人在接待客户时，总是习惯不自觉地将自己放在"导游"的位置，恨不得见到什么都要讲解一番，好像客户是三岁小孩，什么都不懂似的。

作为东道主，主动向客户介绍一些有意思的东西很正常，但如果是那种知识性、常识性的东西，就没必要像《百科全书》似的去"注解"了，客户可能懂得更多，了解得更透彻！

第三，不谈敷衍的寒暄。

在接待客户的时候，有的人不知道该说什么，但又觉得不主动说点什么的话，好像显得自己不太礼貌，于是就会用一些"万金油"式的寒暄来应对，比如"你们那儿天气好吗""冷不冷"之类的。

如果是普通社交关系，用这种"万金油"式的寒暄来打破尴尬的氛围，其实也无可厚非。但如果是在商务接待中，和客户"谈天气"就显得有些敷衍了，没话找话说的感觉过于明显，倒不如直接有事说事，省去这些敷衍的寒暄。

第四，不谈"补充"的话。

接待客户时，一定要注意，在客户说话的时候，不要随意插嘴打断，这是非常不礼貌的行为。如果只是闲聊，不涉及专业性的问题，那么即使客户说的话有什么欠缺之处，也不要去"补充"，不要在客户面前"显摆"你的知识面。记住，你不是主角，所以千万不要喧宾夺主。

第五，不谈非原则性的"抬杠"。

不管是谁，被否定都是一件令人不愉快的事情。接待客户，主要目的就是要让对方感到舒心、愉快，所以在不涉及原则问题和专业性问题的情况下，即使你不认可客户的某些观点和意见，也不要和对方较真、抬杠。

商务接待"五不谈"
- 不谈客户是否到过本地
- 不谈知识性、常识性问题
- 不谈敷衍的寒暄
- 不谈"补充"的话
- 不谈非原则性的"抬杠"

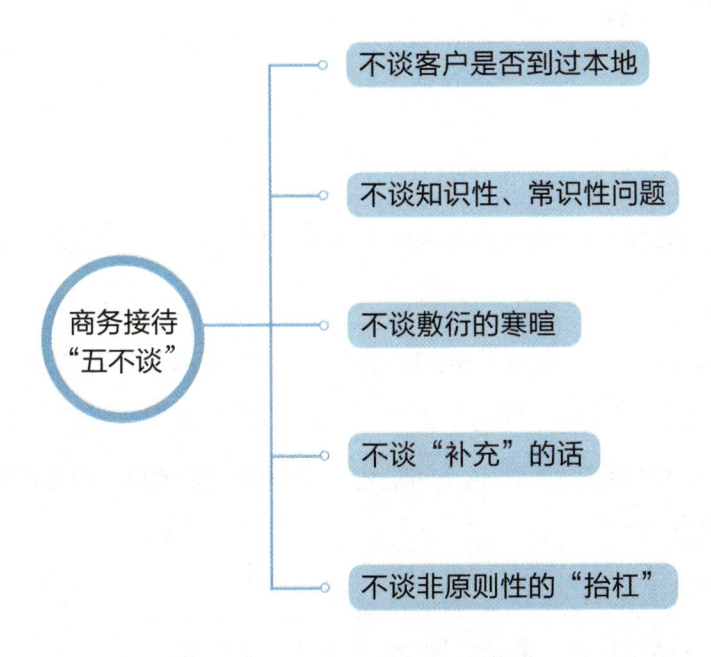

图3-1　商务接待"五不谈"

28.商务接待聊什么?

前面我们说了商务接待不能聊什么,那么接下来就该说一说,能聊什么。

接待客户,话说多了容易喧宾夺主,但要是话说少了,又会显得不热情,有些怠慢客户。那么,究竟聊些什么,既能避免"踩雷",同时又让客户心情愉悦呢?回答这个问题之前,不妨先来看看以下两组对话。

对话一

接待人员A:您好!您好!

客户A:您好,请问您是?

接待人员A:我是××公司的客户代表,是公司派我来接您的。

客户A:哦哦,好的。

接待人员A:您是第一回来××市吗?

客户A:之前来过几次。

接待人员A:哦哦,那您对我们这儿的美食应该有所了解吧?

客户A:还行吧,我对吃不是很讲究,能填饱肚子就行。

接待人员A:都来到这儿了,怎么能对美食没兴趣呢?我们这有

"美食之乡"的称号呢，遍地都是美食……（以下省略一大段对当地美食、饭馆的各种介绍）。

客户A：……哦，听上去挺好。

接待人员A：那是，我告诉您，这回您可真是有口福了，我为您安排的那家老字号，是咱这儿最出名的，打从清朝时候开始……（以下省略一大段对老字号饭馆的吹捧和介绍）。

客户A：呵呵……

对话二

接待人员B：您好您好，我是××公司的客户代表××，欢迎来到××市，公司派我来接您。

客户B：您好您好，辛苦了。

接待人员B：您觉得我们××市怎么样？还习惯吗？

客户B：不错不错，听说你们这儿是"美食之乡"，好吃的东西特别多？

接待人员B：对，我们这儿有特色的美食确实挺多的，您对这方面有所了解吗？

客户B：我对各地的美食都很有兴趣，我没有其他的爱好，就喜欢研究美食。

接待人员B：那您一定得在咱这儿多转转！

客户B：我虽然没来过××市，但对这儿的特色美食还是比较了解的，比如你们这儿最出名的几道菜……东街那边的馆子最正宗……南市小吃街最出名……

接待人员B：太厉害了，一听您就是行家啊！

从以上两组对话可以看到，接待人员A和客户聊天的时候，选择的话题都是自己感兴趣的，在聊天过程中，主要发言人也一直都是他自己。甚至在客户已经明确表示，自己对美食完全不感兴趣的情况下，他依然还是按照自己的想法去聊天。可想而知，这场聊天最后的结局恐怕不会太美好。

接待人员B则不同，他非常清楚，在这场聊天中，客户才应该是绝对的主角，所以从一开始，他就把选择话题的权利"让"给了客户，根据客户的兴趣点来展开话题。在聊天的过程中，他也把主要的发言机会都让给了客户，让客户能够酣畅淋漓地发表自己的观点和意见。显然，这样交流的结果远比对话一要好得多。

现在，我们可以来回答开始的问题了，商务接待究竟应该聊什么？简单来说，我们需要把握两个关键点。

第一，聊对方感兴趣的话题。

兴趣永远是最有效的"兴奋剂"。你想让一个人对一场聊天感兴趣，或是想让他通过这次聊天获得快乐和愉悦，那么就必须去聊对方感兴趣的话题。只有对方对这个话题有兴趣，他才会有参与其中的渴望，如果对方根本不想参与讨论，那么这场聊天恐怕也就无法继续下去了。

第二，聊对方擅长的话题。

每个人都有表达的欲望，很多时候，表达往往比倾听更能带给人们愉悦感。因此，真正的聊天高手永远不会在谈话中把自己放在主角的位置上，而是巧妙地为别人创造发言的机会，让对方能够尽情表达自己的意见与看法。简单来说就是，尽量聊一些对方擅长的话题，将说话的机会让给对方。

29.职场沟通"三不谈"

在职场中,与人打交道是需要谨慎的,尤其是聊天交谈的时候,一定要注意把握好交谈的分寸,这是非常重要的。正所谓祸从口出,不懂得把握分寸、谨慎说话的人,终究会因为口无遮拦而惹祸上身。

那么,在职场沟通中,需要注意些什么呢?简答来说,有三点是不能谈的。

第一,不谈论党和政府的政策方针。

政治从来都是一个非常敏感的话题,虽然我们每个公民都拥有言论自由的权利,但贸然在公开或半公开场合谈论政治问题,就偏离了职场沟通的目的。更何况,每个人的看法都不一样,如果因为对政治问题的理解不同而彼此产生误解,那么就得不偿失了。

第二,不在背后议论领导和同事。

在职场中,你的一言一行、一举一动,都是需要谨慎的,尤其是不能在背后议论别人。要知道,职场无秘密,不管你说什么、做什么,都会有"泄露"的风险。

很多初入职场的人大概都有过类似的遭遇,前一刻还在和同事滔滔不绝地吐槽领导和同事的"奇葩行为"，后一刻这些话就已经传得众人皆知。更重要的是，一个经常在背后议论别人的人，哪怕工作能力再强，也很难得到别人的好感与认可，长此以往，对其未来的职业发展必然会有很大的负面影响。

第三，客观公正，对事不对人。

人都是有情绪的，尤其是碰到一些自己厌恶的事情时，难免会有一些过激的语言，这其实也是一种正常的情感宣泄。

但在职场中，你所说的每一句话，所做的每一件事，或许都会成为别人"考察"你的依据。所以，当你在评论一件事，或评价一个人的时候，一定要注意，做到客观公正，对事不对人。

就像孔夫子所说的，"仁者，其言也讱"。意思就是，一个仁德的人在说话时，常常会有所忍耐，不会想到什么就说什么。要三思而后言，尤其是在评价某个人和某件事的时候，一定要懂得排除情绪的干扰，给出比较客观公正的评价，这不仅是对自己负责，同时也是对他人的尊重。

30.注意辨别客套话

职场上或商务应酬场合免不了说一些客套话，这些客套话说得好，可以让我们与领导、同事、客户之间的交谈变得和谐轻松，不至于相对无语。但是这些客套话的真与假，能不能信，就需要我们多加考虑了。

尤其是应酬场合中，客套话都是别人喜欢听的话，是在某个特定场合才讲的好听话。这种话只是应酬的需要，当不了真。商务精英、职场老人都会自己把握，不会把它当真。可一些初入职场或不懂应酬交际的"实在人"就不一样了，他们把客套话当成了"真心话"，结果闹出了笑话，甚至让自己和对方都陷入尴尬。齐轩就是这样的"实在人"，对于职场交际中的一些客套话一点都不了解。

齐轩能力不错，刚进入公司不到　年就被选中参与　个重要项目。虽然他做的都是基础性工作，但是完成得非常不错，为同事们提供了不小的帮助。策划方案初定之后，部门主管约好到甲方公司商谈细节，带了两个项目主要负责人和齐轩，想让他见见世面。一是对他的肯定，二是想要培养他。

商谈非常顺利，很多细节都已经确定，甲方对策划方案也非常满意。结束时，已经过了中午12点，甲方负责人笑着说："现在已经过了午饭时间，实在不好意思。我们一起吃个饭，一是尽地主之谊，二是对你们的尽职尽责表示感谢。我们楼下有几个不错的饭店，你们看看咱们选个好地方。"

主管回应道："您太客气了！咱们吃一顿简单的商务午餐就可以了！"两个同事也应和着。

甲方负责人对着齐轩说："这个小伙子来选吧！年轻人比较新潮，肯定可以选个不错的地方。"

齐轩直接说："那就去×××，听说那里很不错！"

甲方负责人笑着说："嗯，小伙子真有眼光！那就去×××！"

主管和两个同事的脸色却不好了，在前往饭店的路上，主管不动声色地问齐轩："你是怎么回事？随便就定了地方？"

齐轩却一头雾水地说："是××总让我定的呀！"

主管说："那是客套话，你听不出来吗？回去看我怎么收拾你！"

齐轩不知道该说什么。

很显然，齐轩因为不懂什么是客套话，把对方的客气与寒暄当真了，所以让主管心有不满。至于甲方负责人，虽然不至于心有不满，但内心肯定也会认为他不懂礼仪与规矩。事实上，这样的人在职场发展中通常都会遇到一些困难。那么，在商务应酬场合中，哪些客套话不能当真呢？

第一种，"我是冲着您来谈合作的""这个项目只有您能完成"。

这样的恭维是职场和应酬交际场合中常用的漂亮话，目的就是把对方捧得高一些，让对方有一种飘飘然的感觉，以便实现自己的目的。若是信了对方的话，认为凡事少了自己不行，就很有可能让自己陷入被动的境地。

第二种，"这次很遗憾，下次有机会的话，新项目一定交给你们公司""非常感谢您信任我们公司，我们会在商议后通知您"。

这样的客套话是让拒绝显得不那么生硬，让彼此的脸面不那么难堪。若是不懂客套话，认为下次对方一定给自己机会，或是认为对方很快会给自己通知，甚至较真地要求对方履行承诺，那么尴尬的只能是自己。

第三种，"我看好你，只要你好好努力，下次升职的就是你""你的想法很好，我会考虑"。

就像一些领导喜欢"画大饼"一样，一些领导喜欢表扬下属，他们目的都是调动下属的积极性，希望他们更加努力地工作。这是职场上的场面话，是领导激励员工的一种话术，很多都需要理解深层含义。

第四种，"不用客气，有什么需要帮忙的尽管来找我"。

这样的客套话很多人都听同事、上司、合作伙伴说过，平时有事需要同事帮忙时，与合作伙伴完成交易或项目之后，道别或平时联系时，都会说上这样一句话。但这句话听听就算了，对方可能并非出自真心。同事或上司都有自己的工作，每个人都很忙碌，精力有限，谁也不愿意总花时间和精力帮别人处理麻烦事。至于合作伙伴，说这些话只是客气，让应酬场合变得轻松一些。

第五种，"有事你就尽管说，不用请客（拿礼物），太破费了"。

求人办事，或是为了感谢别人帮助自己，送一些礼物，这是应该的。虽然对方往往会客套地说："以后不要这样了！别这么客气！"但是如果你真的不知感恩，不懂人情世故，那么朋友关系就走到头了，之后很可能没人帮了。

第六种，"你真有气质""您的品味真不错，这件衣服穿在您身上比模特都好看，很显气质"。

那些年听过的客套话

- "我是冲着您来谈合作的。"
- "这个项目只有您能完成！"
- "这次很遗憾，下次有机会的话，新项目一定交给你们公司！"
- "非常感谢您信任我们公司，我们会在商议后通知您。"
- "我看好你，只要你好好努力，下次升职的就是你！"
- "你的想法很好，我会考虑！"
- "不用客气，有什么需要帮忙的尽管来找我！"
- "有事你就尽管说，不用请客（拿礼物），太破费了！"
- "你真有气质！"
- "您的品味真不错，这件衣服穿在您身上比模特都好看，很显气质！"

图3-2 经常听到的客套话

恭维的话，谁都愿意听。你可以喜欢听这些话，但是千万不要当真，更不要因为这些话而飘飘然忘乎所以。

除此之外，还有很多客套话，比如"久仰大名""有空一起吃饭""通过今天的交谈，我感到很高兴""有意见，尽量提出来"等。我们要能够分辨这些客套话，理解客套话的真正含义，当然也要学着说，争取把它说得恰当且动听。

31.将"对不起"改成"谢谢",你会人缘倍增

世人都喜欢赞扬,而不喜欢批评。但是在职场或商务场合中,犯了错,或是做了不合时宜的事情,没有人能逃避批评。这就涉及一个问题——面对别人的批评甚至是指责,如何去应对呢?

受到批评后,最好不要垂头丧气,更不要自暴自弃,因为"破罐子破摔"的思想非常危险。同时,不服气,心生埋怨,或是耿耿于怀也不是正确的选择。两者都会让我们产生不良情绪,滋生消极的心态,甚至还可能导致错误的言行。所以,我们应该虚心接受同事、领导以及其他人的批评并知错改错,绝不再犯。

认错时,不要只说"对不起""很抱歉",我们还需要对别人的指正与批评心存感谢。感谢批评自己的人,这不仅体现我们认错的真诚态度,还可以体现我们的谦虚,如此一来自然可以赢得他人尊重,获得良好人缘。

董卿是一位出色的主持人,很多大型晚会和活动都少不了她的身影。在上海举行的特奥会上,董卿是开幕式主持人,她的声音清纯,极具穿透力,然而在运动员传递火炬时,董卿却报错了两位运动员的

名字。当时，第五位运动员开始传递火炬，董卿并没有报出他的名字，到下一位运动员开始传递火炬时，董卿又重新开始解说，但报的却是第五位运动员的名字。这个时候，现场直播的同声翻译发现了董卿的失误，导播间也立即向她示意，但是董卿并没有注意到，也没有及时改正错误。

这个失误引起很大反响，第二天全国很多媒体都对董卿的失误进行了报道，一时间批评与指责蜂拥而来。这对于董卿的口碑和形象都有不小的打击，但是很多人也为她打抱不平，因为现场直播的环境是密闭的，董卿只能听到导播的调度。而且，直播时间长，人员众多，流程复杂，出现一些小失误也在所难免。

面对这样的情况，董卿没有辩解，而是坦然承认自己的错误，并且对那些批评自己的媒体和观众表示了感谢。接受采访时，她真诚地说："我由衷地感谢那些指出我的错误的观众朋友们，是你们使我有危机感，看到了自己的不足，为避免口误，下回做节目我会准备再准备，就像小时候考试一样，多多复习，好好准备。"正因为如此，董卿的道歉被观众们接受，并且越来越受人欢迎。

所以说，犯错在所难免，人人都会犯错，关键在于之后的态度。包括我们是否真诚认错，是否真心诚意接受批评，然后积极改正，吸取教训。除此之外，还需要注意几个要点。

第一，不要只说"对不起"，而不行动。

犯错了，只说"对不起"，是一种敷衍，也是一种不负责任的行为。这样的道歉太苍白，没有任何说服力，更无法赢得别人的信任。比如，在职场上，你闯了大祸，把重要文件弄丢了，面对领导的批评与询问，只是哭着说"对不起"，就算态度再真诚，又有什么意义？与其如此，不如赶快行动起来，想办法找回文件或采取补救措施。

第二，坦然承认，积极改错。

保持良好的心态，坦然地承认错误，然后积极反思、改错。虽然批评带有否定性，有些还带有贬斥性，听起来令人不那么舒服。但是我们需要明白，忠言逆耳利于行，恰恰是别人的批评能让我们及时发现问题，不断完善和提升自己，一步步走向成功。

第三，耐心把批评听完，尽可能按照意见改正。

别人的批评是善意的，也是有参考价值的，我们就应该耐心把批评听完，并且表示感谢。同时，我们要认真反思自己和考量对方的意见，尽可能按照意见进行改正，向对方请教解决问题的方法。

第四，对别人的批评内容作出回应，而不是在意别人的语气与态度。

很多时候，领导或老板的批评过于严厉，有时情绪激动了，说话可能会难听一些。这个时候，我们应该重点听那些有价值的信息，针对问题本身作出回应，而不是纠结"他为什么这样严厉""虽然我错了，但我接受不了这种批评方式"，否则很难知错改错，更难以建立良好的上下级关系。

总之，在职场或商务场合上，能直言不讳对我们提出批评的人，都是我们的贵人。所以，我们应该对这些人表示感谢，并且正视自己的错误，用积极的心态去思考、改正。

32.如何倾听让对方倍感尊重？

作为一个讲礼仪的商务精英，不仅要善于交谈，掌握说话的技巧，还需要学会倾听，掌握倾听的艺术。事实上，在沟通过程中，一个人不可能总处于"说"的位置，很多时候都处于"听"的位置。而且，相对于说来说，听更重要。

有效地倾听，可以让对方感受到我们对他们的尊重，可以让对方更愿意畅所欲言，彼此的了解也会因此增加，沟通就更加顺畅，隔阂、冲突自然也就不存在了。简单来说，有效倾听是实现有效沟通的重要一环，有了它，才能给对方留下良好的第一印象，获取更多有效的信息，进而实现沟通目的。

可事实上，很多职场人士不是不懂倾听的重要性，而是不知道如何更好地倾听。他们习惯于滔滔不绝，只顾自己说得痛快，完全不顾自己说的话题是否受欢迎，对方是否愿意听。同时，在别人说话的时候，他们却表现得不耐烦，不关注对方，心不在焉，甚至随意打断，急于发表意见或进行反驳。

李磊论学历、能力，可以说是公司里数一数二的，但他有一个毛病就是不懂倾听的礼仪,所以在公司中不是很受欢迎。同事闲聊时,不管说什么话题,他总是见缝插针地插进来,然后开始谈论自己的观点。在项目策划会上或是工作总结会上,领导、同事发表意见,他总是不用心听,小动作不断。或是有选择性地听,只听自己关心的话题,或是没听完别人的话,就急着下结论。

在一次周末例行总结会上,同事正在汇报部门所负责项目的进展以及遇到的一些问题,希望李磊能够给予技术层面的支持。这时候,领导和同事都看向李磊,而李磊却没有用心听,根本不知道如何应答。他尴尬地站起来,不知道说什么,气得领导把他狠狠批评一通。

还有一次策划会,同事提出一个想法,没说几句就被他打断了。之后他只顾表达自己的反对意见,不给同事再说话的机会。这让同事很恼火,当场反驳说:"你这个人真是太没有礼貌和修养了,别人说话,你永远不懂得倾听,不是心不在焉,就是随意插话。你知道和你沟通有多难吗?更关键的是,你大大降低了我们大家的工作效率……"

不懂倾听,不善倾听,是一个商务精英最应该杜绝的。在任何场合中,我们都需要尊重他人,也需要保持良好的职业修养,讲究倾听的礼仪。

要做到礼貌的倾听,有如下几个要求。

第一,专注。

倾听他人说话,要做到认真专注,最好做到"耳到、眼到、心到",用耳朵去倾听,用眼睛与对方交流,用心去思考,如此才能与对方相呼应，使得沟通更加有效深入。

专注地倾听，其实就是表现出对对方的话题感兴趣，表现出真诚地接受对方观点，当对方感受到这一点，怎么会不愿意与我们沟通？

第二，给予积极的回应。

在倾听时，我们要用眼神与对方交流，不断地点头示意，同时还要用语言来积极回应。对方阐述一个观点，我们不断点头，并回应说"是的""我很赞同""您说的不错"……必要时，可以礼貌地打断，发表一些与之相关的看法，或是提出一些问题。

第三，不插话、不打断。

在商务场合中，有些人为了争取主动权，会急于发表自己的意见或反驳对方的意见，从而随意地插话，或是打断对方的话。这样的倾听是无效的，不仅是对对方的不尊重，也暴露了自己的自私和以自己为中心的习惯。

就算插话是无意的，也会引起别人的反感，让人不再愿意与你交流。

第四，有同理心。

所谓同理心，就是站在对方的角度上思考问题，设身处地地为对方着想，理解对方的意图。这样的倾听可以让我们更尊重他人，更认真地、用心地听别人说话，听出对方的弦外之音。

第五，充分、客观地接收信息。

倾听，是为了很好地接收信息。在商务场合中，不能充分地、客观地接收信息，就无法了解对方的想法，往往会让自己做出错误的判断，或是凭借个人喜好、主观理解下结论。这是对对方的不尊重，更是对自己的不负责任。尤其是那些重要信息或是有争议的问题，如果不能全面地倾听与分析，很可能给自己带来大麻烦。

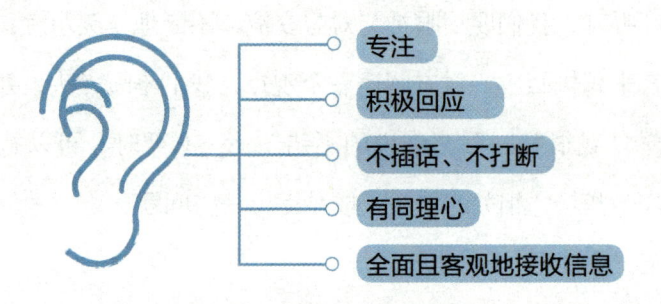

- 专注
- 积极回应
- 不插话、不打断
- 有同理心
- 全面且客观地接收信息

图3-3 有效倾听的要求

33.听懂话外音

商务场合的沟通，是关系的艺术，也是语言的艺术。同样一句话，在不同场景、不同时间说出来，效果就不一样。同样的人，同样的话，用不同的说话语气与语调，意思也截然相反。有些话说出来，就是它表面的意思，可有些话说出来，就隐藏着言外之意。有些话可能需要反着来听，有时候他说"是"，其实是想说"不"，有时候他说"不"，其实是想说"是"。

商务应酬交际中，若是不能读懂一些话背后的潜台词，很可能被看成情商低、不懂事。齐欢初入职场，不太懂职场规则，也没什么人生阅历，自然也听不懂别人话语的言外之意。一次，齐欢与领导和同事聚餐结束后，与几个同事在路边等车，领导开车经过，说："我开车送你们吧！"

齐欢很高兴地说："好的，谢谢领导！"

同事却笑着拒绝："不用，不用。领导，我们已经打好车了，等会儿司机就到。"

于是，领导说："那你们路上小心，明天见。"

大家一起道别："领导，明天见！"

等领导走远，齐欢不解地问："领导说送我们，我们为什么要拒绝呢？再说了，我们明明没打车，为什么说打好车了？"

一个暖心的姐姐拍了拍齐欢，说："你真是个傻妞！领导只是客气客气，你还当真了！"

齐欢一脸疑惑。

恰好这时，另一个开车的同事经过，停下来，说："这个地方不好打车，我送你们！"

齐欢刚想说"不用"，那个姐姐就痛快地说："好的，太感谢了！我们正愁打不到车呢！"

这下，齐欢更疑惑了。

第二天，齐欢特意询问那个姐姐："昨天明明领导和××都说送我们，为什么你的回答不一样？难道是因为领导的身份特殊？！"

那个姐姐笑着说："看来，你还是不明白！来，姐姐给你上一课。你发现领导和××说的话有什么不同吗？"齐欢摇了摇头。

那个姐姐说："领导说的是'我送你们吧'，××说的是'我送你们'，这两句话看似相同，其实有很大区别。前者只是客气，其实内心并非真的想送，希望你用'不用'来回答；后者是真的想送，语气中没有询问。别小看这个'吧'字，背后的潜台词不简单。还有这个'要不'，也是如此。"

齐欢点点头，感叹道："原来这里面还有如此多的学问，我算学到了。"

那个姐姐微笑着说："你还有很多东西需要学呢！"

接下来，那个姐姐传授给齐欢一些"职场规则"。

第一，没有爽快地答应，就是拒绝。

当你发出合作、成交、会谈的邀约，或是要求对方做什么事情的时候，如果对方没有痛快答应，而是给出类似下面的回答，"我得考虑一下""嗯，看看吧！我需要征求领导的意见""嗯，我稍后给你答复"……那就是委婉的拒绝。

第二，语气不坚定，就是客气。

"我送你吧。""要不，我们一起吃个饭？""其实，我可以帮你……"这些话语的语气不坚定，看似在询问你，其实就在等你的拒绝。他的潜台词是"我不是很想送你，可是出于礼貌或是客套，只能询问一下"。这个时候，你若是不能听懂人家的潜台词，那就会招来别人的厌烦。

第三，没有正面回答，就是不想回答。

很多时候，商务精英习惯用沉默或转移话题来表示不赞同、不想回答，比如在职场上你询问人家隐私，类似于家庭状况、工资待遇等，别人不好意思说"我拒绝回答"，只能选择沉默，或是转移话题。这个时候你就不要刨根问底了，就此打住才是聪明做法。

第四，不连贯流利的赞美，就是表示"一般，一般"。

赞美，是交际应酬场合最受欢迎的语言。可有时赞美也是一种恭维与客套，当你夸夸其谈地说着自己的项目如何成功、成绩如何突出，对方的赞美说得有些迟疑，或是不太连贯，那就是表面的客套了。他说的话并非出自真心，只是为了让你不太尴尬而已。

第五，有时越强调不在乎什么，就越在乎什么。

很多时候，一个人越是强调不在乎，越是证明他很在乎。比如，你与一个公司进行谈判，对方一再强调："这个项目对于我们公司来说，是小项目，接与不接都不要紧……"这句话说明他们真的很在乎这个项目，很可能要靠这个项目翻身。再比如谈到钱的时候，对方一再强调"不是钱的事""没关系""不要钱"，就说明他很在乎钱，这就是钱的事。

第六，突然变得"热情"，就是下逐客令。

拜访同事，或是与客户进行商谈的时候，对方突然"热情"起来，忙着给你斟茶，或是提出"现在已经到饭点了，我准备午饭吧"。这样的表现，其实就是在下逐客令，言外之意是"你打扰的时间不短了""时间不早了，你该走了"。如果你还傻傻地坐着，或是真的留下吃午饭，那就是不懂事、没情商。

"我得考虑一下……"	"不，我拒绝。"
"要不，我们一起吃个饭？"	"不，我不想和你吃饭。"
"……"	"我拒绝回答。"
"呃……确实，挺不错的……"	"我认为很一般，不值一提。"
"这不是钱的事！"	"不，这就是钱的事！"
"现在已经到饭点了，不如一起吃个饭……"	"我要吃饭了，你该走了。"

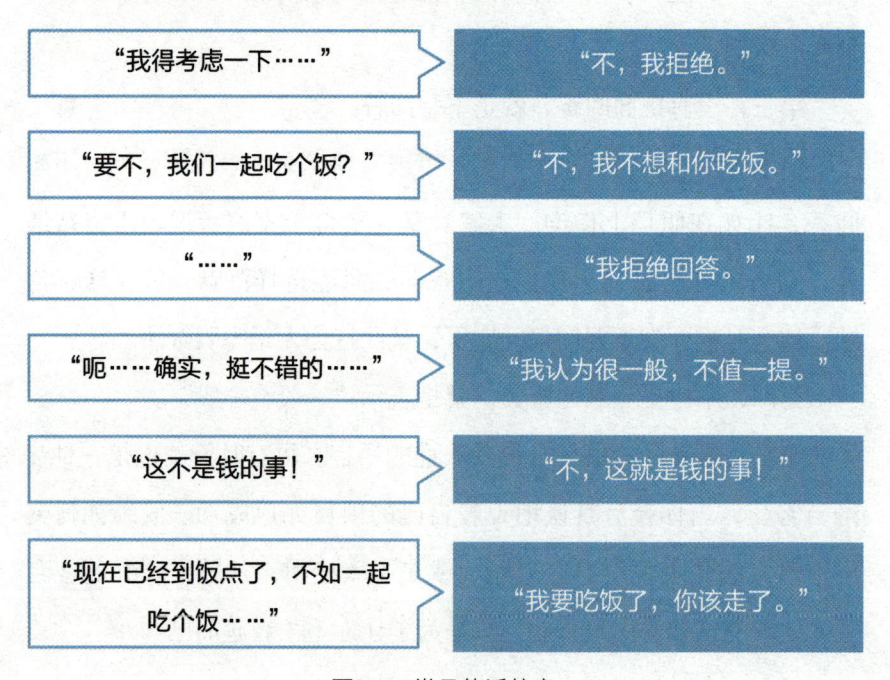

图3-4　常见的话外音

34.三思而后言，快人快语太伤人

古人说："片言之误，可以启万口之识。"不论是在商务活动中还是日常生活中，说话前都应该仔细替对方考虑一番，对方愿意听的话，才能说出口，对方不愿意听的话，还是不说为好；对方听了舒心欢喜的话，多说一些，对方听了尴尬厌烦的话，最好是少说、不说。

好好说话，是一种情商，也是一种礼仪。如果口无遮拦，有什么说什么，从来没有什么忌讳，也不注意什么分寸，伤害别人的同时也会给自己惹来不必要的麻烦，使得职场关系、商务应酬的维持都变得困难无比。

梁思超是个心直口快的年轻人，平时对工作认真负责，对同事也热情，可就是不招人喜欢。因为他说话太随意，不考虑对方的感受，不考虑说出的话会导致什么后果。一次团建活动中，同事们围在一起打保龄球，几个人都是初学，自然不得要领。梁思超之前练习过，球艺还可以，便当起"教练"。这本是好事，可是在打球过程中，他不断口出埋怨，"哎，你这个球真臭！""你平时看起来挺聪明，怎么打保龄球这么笨！你看，一个都没打中！""哎呀，你脑子是不是进水了！我不是说……"不一会儿，同事们都气得不玩了，而且不再搭理他。

还有一次，梁思超约客户见面，对方因为有事耽搁，迟到了十几分钟。客户赶到后，立即真诚地道歉，他却把不满表现在脸上，直接说："你怎么迟到了，我都等了好半天了！"客户继续道歉，但是脸色却变了，态度也变了。之后，这个客户再也没接过他的电话。

事实证明，在职场生活和商务交际中，说什么，怎么说，什么话能说，什么话不能说，话说到什么程度，都是有讲究的。人与人之间关系的建立和保持，需要礼仪，也需要情商。很多人认为高明的措辞是天生的，可实际上，这是通过学习才掌握的。掌握了说话的技巧与礼仪，那么职场和商务应酬就会发生天翻地覆的变化。然而，若是不懂礼仪，没有较高的情商，所谓的快人快语会变成一把"刀"，很容易伤到人，甚至把别人和自己"刺"得伤痕累累。

因此，我们需要学习好好说话，懂得说话的一些禁忌。

第一，说话太直，不加修饰。

好话要好听、委婉，考虑对方的感受，这样的话才让人舒服，让人对我们产生好感与信任。可要是说话太直，不加什么修饰，不考虑时间、场合与对方的接受程度，自然也就让人难以接受。

我们不一定要能说会道，但必须学会委婉地说话，尽量避免直来直去。

第二，口无遮拦，扫人兴，伤人心。

很多人说话太损，没有分寸，不是直接戳中别人的痛点，就是开一些没有分寸的所谓"玩笑"。他们自诩"性子直""说话直"，其实就是情商低、没礼貌，丝毫不在意把伤人的话说出口。事实上，这样的人很招人恨，自然也不受人欢迎，就算能力再好，也只能在职场上疲于奔命。

第三，始终在言语上胜过别人。

只要一开口说话，只要和别人商议事情或是争辩，就非要在言语上胜过对方，非要把对方驳得哑口无言。这看似是胜利，实际上却是一种失败。胜了口舌之争，却输了礼貌、气度、人缘。在生活中和职场上，这样的人都不可能是胜者，还可能被别人厌弃。

第四，一发言就质疑和攻击对方。

很多人或是出于优越感，或是为了显示自己与众不同，习惯在别人表达观点或是说什么事情时，一发言就质疑对方或是攻击对方。这样的行为非常糟糕，当你说出"你错了""你说得不对"时，别人已经对你产生了不好的印象，那么之后就算你说的话有道理，恐怕也很难让人接受。

- 说话太直，不加修饰
- 口无遮拦，扫人兴，伤人心
- 始终在言语上胜过别人
- 一发言就质疑和攻击对方
- 哪壶不开提哪壶

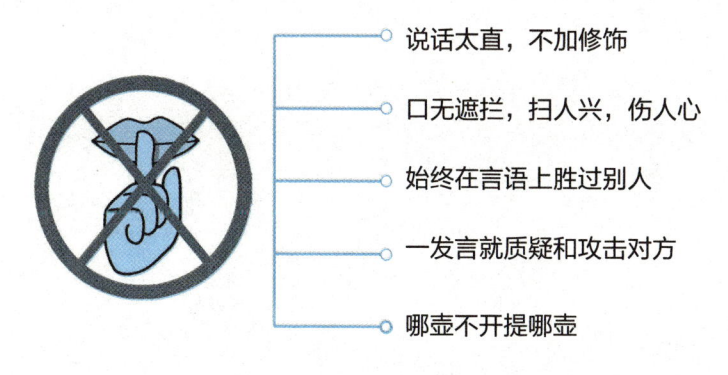

图3-5　说话的禁忌

第五，哪壶不开提哪壶。

在公开的社交场合，人人都希望被尊重，都不希望自己的一些不好的事情被提及、被人家讨论。如果哪壶不开提哪壶，一上来就直接说"听××说，你最近生意出现问题了……""我知道你们公司的总监辞职了"，那么就会踩雷，让人厌恶。

35.人际交往中的潜台词

商务场合的交往与应酬，夹杂着人情世故，也隐藏着真真假假。不管是与领导、同事交往，还是与合作伙伴、客户交往，我们都需要认真听人说话，更需要听懂对方话里的潜台词。

很多初入社会的年轻人或是不善应酬交际的人，很难从对方的话里听出潜台词。这也正常，毕竟有些人说话比较隐晦、含蓄。但是正因为如此，我们才需要去了解、去学习，不能听话只听表面的意思，而是应该察言观色，思索一些话背后的深意。只有如此，才能在商务场合中应对自如，在职场和社会上立足。

李雨泽是一位职场新人，缺少应酬交际的经验，也不懂得职场潜台词。年轻有干劲的他，工作很积极努力，自认为上司对自己的工作也很满意。因为每次完成一个任务，上司就会点头微笑着说："嗯，不错，继续努力！"

李雨泽开始有些洋洋得意，甚至有些飘飘然。但是一位商务精英却不这样认为，他是李雨泽的表哥，在职场摸爬滚打十几年，在一家知名公司做部门经理。他对李雨泽说："你的上司对你不太满意，希望你能做得更好一些。你一定要谦虚，最好多向他请教，让他对你的工作提出意见，然后提升自己，否则离走人就不远了。"

李雨泽不解地问："上司不是一直在夸我吗，怎么会对我不满意呢？"

表哥笑着说："当然不是！虽然他说了'不错'，但也说了'继续努力'。这句话的重点在后面，希望你能改进、提升，争取做得更好。通常在职场上，上司不会直接否定或批评下属，而是采用比较隐晦的方式。表面说'不错''很好''继续努力'，潜台词是说你不够好，要努力改进和提高！"

听了表哥的话，李雨泽才顿悟。之后，他听话不只靠耳朵，还靠眼睛和心。经过一段时间学习，他也变得谦虚谨慎起来，能轻松听出别人的潜台词。正因为如此，他的职场发展顺风顺水，成为像表哥那样的商务精英。

其实，潜台词就是话外之音，想要听懂并不是什么难事。只要我们能了解对方的态度，知道对方想要什么，有什么需求，以及身体或表情方面有什么微变化就可以了。那么，商务场合中，我们需要听懂哪些潜台词呢？

通常来说，主要有以下几种形式。

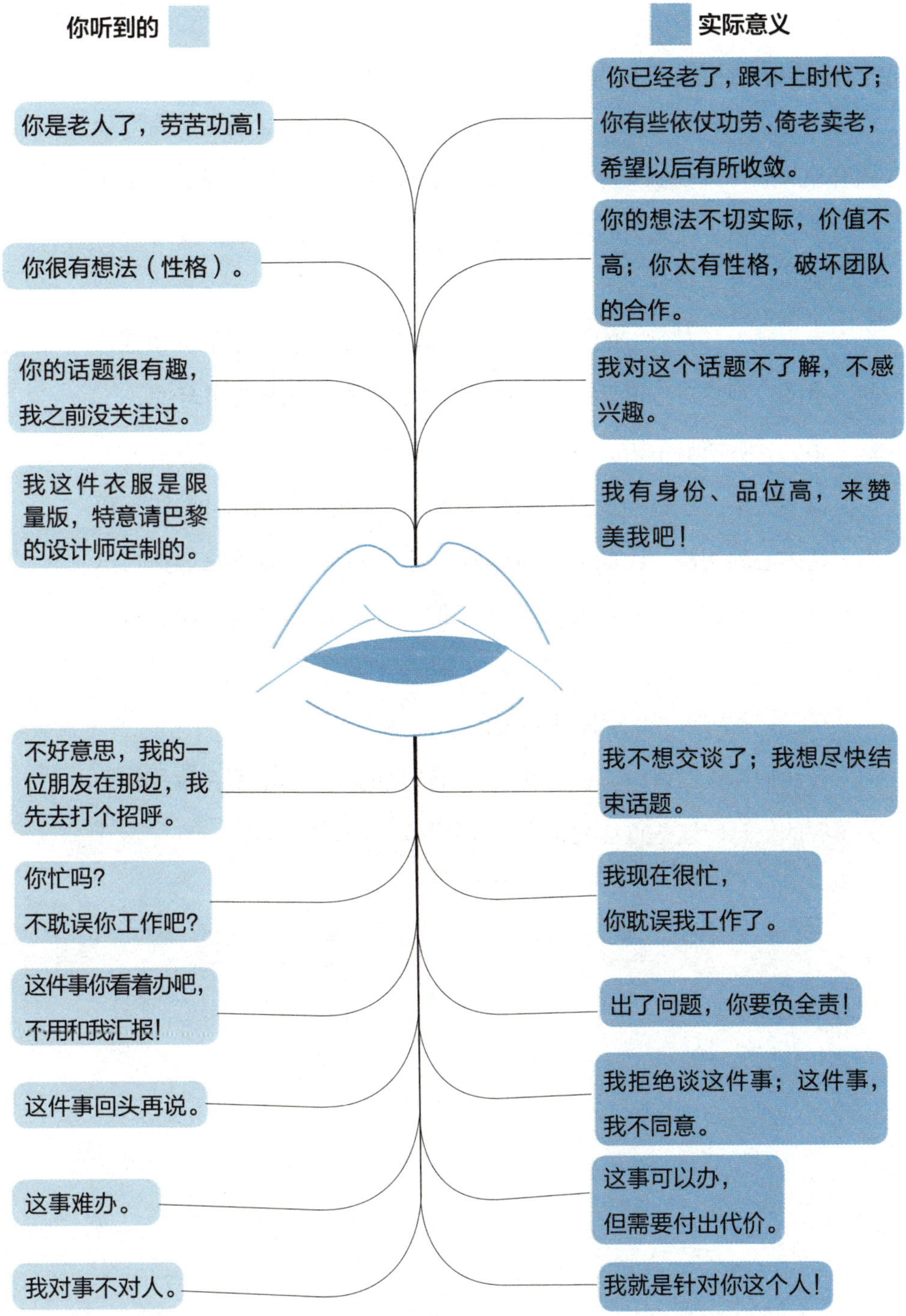

第三章 说话有度

你听到的	实际意义
你是老人了，劳苦功高！	你已经老了，跟不上时代了；你有些依仗功劳、倚老卖老，希望以后有所收敛。
你很有想法（性格）。	你的想法不切实际，价值不高；你太有性格，破坏团队的合作。
你的话题很有趣，我之前没关注过。	我对这个话题不了解，不感兴趣。
我这件衣服是限量版，特意请巴黎的设计师定制的。	我有身份、品位高，来赞美我吧！
不好意思，我的一位朋友在那边，我先去打个招呼。	我不想交谈了；我想尽快结束话题。
你忙吗？不耽误你工作吧？	我现在很忙，你耽误我工作了。
这件事你看着办吧，不用和我汇报！	出了问题，你要负全责！
这件事回头再说。	我拒绝谈这件事；这件事，我不同意。
这事难办。	这事可以办，但需要付出代价。
我对事不对人。	我就是针对你这个人！

图3-6 常见潜台词

商务场合中，很多人说的话都只是场面话，背后隐藏着潜台词，这里就不一一列举了。但是，千万要注意"锣鼓听声，听话听音"，只有破解职场或应酬交际场上的语言秘诀，才不会听错了话、会错了意。那么如何听懂别人的潜台词呢？我们不妨掌握以下三个技巧。

第一，专心倾听。

专心倾听，对对方的话进行全面接收和认真分析，了解其说话目的、意图，观察对方说话时的神情、动作，便可以知晓其潜台词。

第二，听懂暗示语。

很多人不方便直接说出意图时，会运用一些具有指向性的暗示语来表达内心的想法。比如重点强调某个词，或是利用反问来表达自己的意思，听到这些暗示语或语气后，要好好琢磨，自然可以明白对方的真实想法。

第三，找到重点，删除不重要的信息。

当我们与人交谈时，应该找到对方谈话的重点，不要在意那些无关紧要的信息。这些重点的话，往往就是对方的潜台词。

36.尊重别人隐私，是社交中最基本的礼貌

现代人的社交中，99%的人都有不问隐私的默契。对于别人不愿意说出的事情，不打听、不追问；对于别人的秘密，不好奇、不窥探；对于别人的私生活，不打扰、不干涉。这是对于别人的尊重，也是社交中最基本的礼貌。

什么是隐私？隐私就是那些我们不可公开或不必公开、不想公开的一些情况，比如个人家庭状况、情感经历、身体缺陷、私人秘密等。在职场或应酬交际场合中，除了少数必须知道的有关人员之外，隐私不必被无关人员知道。所以，在交谈中，我们一定要避开谈论隐私，保持一定的界限感。

罗一在某家快消品公司做市场经理，深得老板的信任，两人平时关系也不错。但是，一段时间后，罗一明显感到老板对自己疏远了，工作上也不再照顾他，把原本他负责的项目交给其他人。罗一感到非常郁闷，琢磨自己哪里做错了。

想来想去，罗一想到一件事。在上个月举行的公司新品发布会上，老板带着妻子来参加，发布会结束后，老板妻子先行离开，说

"身体有些不舒服，不参加庆功会了"。事后为了表示关心，罗一对老板说："老板，您夫人身体有什么问题吗？是不是有什么疾病？我认识一位非常不错的医生，我可以介绍……"

老板微笑着说："谢谢。不过，不麻烦你了。她是老毛病了。"

罗一依旧热情地说："什么老毛病啊？越是老毛病，越不能掉以轻心……"

罗一还没说完，老板就借口离开了。自那以后，老板对他的态度就变了。这时，罗一感到后悔不已，他知道自己犯了忌讳——打探老板的隐私，这真是咎由自取啊！

事实上，打着"关心"的旗号，不断地询问别人的隐私，就是没有礼貌，这并不是拉近距离的方式！连朋友间都需要有界限，保持一定的距离感和分寸感，那同事之间、下属与老板之间、不熟的客户之间，怎么可以随便问别人的隐私呢？

在欧美国家，询问对方的年龄、职业、婚姻、收入等情况，都被视为非常不礼貌的行为。虽然我们中国人不那么在意这些，但是对于很多隐私还是非常注重的。所以，我们需要尊重他人，尊重自己，不随便探问他人隐私，做到"六不问"。

第一，不问工资与收入。

在职场上，同事间很忌讳私下询问工资待遇，因为很多公司有薪资保密制度，而且贸然打探别人工资，也是不合适的。这会令对方感到为难和尴尬，说了怕违反公司制度，怕对方心理不平衡，不说又怕影响同事之间的关系。所以，很多职场人士都厌烦别人私下问工资收入，会对这样的人避而远之。

同理，在应酬交际场合，询问客户、合作伙伴的工资与收入，就更不礼貌了。

第二，不问婚姻和家庭状况。

在商务场合，对于不熟悉的人不要随便问其婚姻和家庭状况，"有对象吗""怎么还不结婚""有没有孩子"，这些问题很容易触及一些人的痛处。

第三，不问女性年龄。

很多女性对于年龄很敏感，如果在社交场合，你去问一位女性的年龄，不管是年轻者还是年纪较大者，都会让对方感到被冒犯、不被尊重。

第四，不问私生活。

打着"关心"的旗号，对别人的私生活进行探问，很可能触碰别人的忌讳，引起别人的反感。罗一本是出于关心，可忘了与老板之间的界限，在老板不愿意继续谈下去的情况下继续刨根问底，自然也就惹怒了老板。

第五，不问缺陷和疾病。

在中国的社交场合，为了寒暄时常会问对方的身体状况，表示对对方的关心。但如果是不熟悉的人，或是身体有缺陷、疾病的人，千万不要这么问。对方腿脚有缺陷，你询问"如何造成的""生活有哪些不变"；对方患有某种疾病，你询问"怎样治疗的""吃哪些药"，岂不是有意让对方难堪？

第六，不问宗教信仰、政治见解。

在商务交往中，想要交往顺利，千万不能询问宗教信仰、政治见解，更不能对对方的宗教信仰、政治见解品头论足。尤其是与外国友人交往时，更应该对此避而不谈。

☒ 不问工资与收入

☒ 不问婚姻和家庭状况

☒ 不问女性年龄

☒ 不问私生活

☒ 不问缺陷和疾病

☒ 不问宗教信仰、政治见解

图3-7 职场沟通"六不问"

37.不做查户口式的问话

在商务交谈中，说是一种能力，可以表达自己的观点，让对方信服。除了善于说，我们还需要知道如何提问。很多时候，你的提问无法激起别人的回答欲望，不是你表达得不清晰，也不是问题不深刻，而是忽视了提问的礼貌，没掌握提问的技巧。

每个人提问的方式不同，但是最不受欢迎的提问就是查户口式提问，连续抛出几个问题，简单粗暴地问人家姓名、职业、职务、经历、兴趣爱好，等等，对方不仅不愿意回答，还可能认为你愚不可及。

方怡是个销售员，进入公司半年了，但是业务工作还是一塌糊涂。她不解地问上司："为什么我的业绩这么差，我已经很努力了，也学着与客户沟通，为什么效果不明显呢？"上司对她说："与客户沟通前，你得多提问，了解更多关于客户的信息，然后拉近彼此的距离。"方怡依旧不解地说："我提问了呀！我提出一个又一个问题，可对方不仅提不起回答的兴致，还表现得不耐烦！"

上司说："你是如何提问的？"

方怡说："我就是问客户一些简单的问题，比如姓名、年龄、职业、家庭状况、兴趣爱好……"

上司打断她说："这就是问题所在。你这不是提问，倒像是查户口。这样的提问太过于直接，而且涉及个人生活、隐私问题，客户怎么会愿意回答呢？"

方怡着急地问："可是不了解这些基本状况，我如何进行推销呢？"

上司笑着说："提问也是讲究技巧的，用脑、用心去提问，不冒犯对方，不能只关心自己的答案，自然可以得到自己想要的东西。"

是的，在提问时，不像查户口似的连续追问，而是问得有礼貌，自然可以让对方更愿意表达；问得有技巧，自然也可以获得更多有价值的信息，掌握谈话的节奏以及主动权。那么如何才能得到想要的答案，同时让对方满心欢喜呢？

第一，间接性提问。

这种提问方式不是直接"查户口"，一上来就问人家个人和家庭的信息，而是通过聊天的方式来旁敲侧击。运用这种间接提问的方法，总比直接问要好得多。

第二，开放式提问。

利用开放式提问，比如如何、怎样、什么时候、在哪里等这样的词语，让对方可以自由发挥。这样的提问不会显得唐突，范围比较宽松，也比较受绝大部分人的欢迎。只要我们能围绕主题，并且抓住对方说出来的重要信息就可以了。

第三，延展话题式提问。

与他人沟通时，最好不要问完一个问题，就立即进入下一个问题，这样会让对方感到无聊和反感，也不利于得到更真实、深刻的答案。等到对方回答问题之后，再把话题延展下去，深入地聊更多内容，效果会更好。

第四，抛砖引玉式提问。

当对方不愿意谈及某些问题，或是有疑问不愿意提出时，我们可以利用抛砖引玉的方式，引导对方说出更多内容，提出自己的疑惑与意见。比如我们可以谈一些自己的经历，或是遇到的一些困难，引导对方也谈谈自己的经历与困难；可以介绍老客户的一些想法，引导对方也说出自己的想法。

提问的技巧

- 间接性提问
- 开放式提问
- 延展话题式提问
- 抛砖引玉式提问
- 不连续问几个问题
- 不问令人犯难的问题

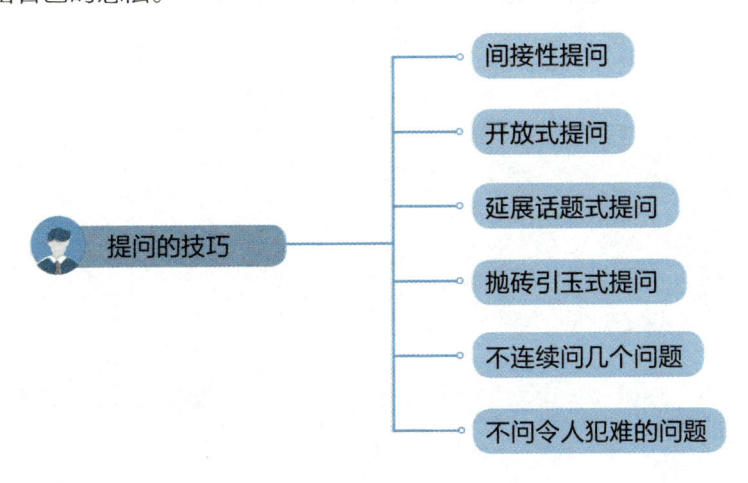

图3-8　提问的技巧

第五，不连续问几个问题。

连续发问，会让对方感到压迫感，产生抗拒的心理。比如在展销会上，你看到有意向的客户，为了获得更多信息而连续发问："您对我们产品有了解吗？喜欢什么样的款式？您的心理价位是多少？"这样的提问只会把客户从"热情"变为"冷漠"。

第六，不问令人犯难的问题。

在商务交流中，提问的目的是为了更好地沟通，促使双方达成合作。所以，提问时不能询问对方的个人隐私，也不能询问对方的公司内幕、行业隐私等，也不能问一些让对方无法回答的问题，否则只会让对方觉得你不专业、不懂规矩，让场面陷入尴尬。

38.学会高情商的赞美

交际应酬,就是与人沟通。会说话,能说出让人爱听的话,自然能得到人们的好感,让人愿意接近。赞美就是这样一种奇妙的语言,人人都爱听,因为人们内心中最深的渴望就是被赞美、被肯定,更因为人们都有或多或少的虚荣心。

商务精英们都知道,赞美他人不仅是人际交往的一种礼仪,也是建立良好人际关系的催化剂。所以,在公开场合,看到别人的一些优点,他们会毫不吝啬地赞美。在初见客户或谈判对手时,他们会利用一些美好的语言来称赞对方,拉近彼此的距离;在同事相处中,他们也能发挥赞美的妙处,找到机会便夸赞别人一番……于是,被赞美者因为被肯定、夸赞而产生积极美好的感觉,内心充盈着愉快、满足,自然也更喜欢和赞美者交往。

所以说,我们需要学会赞美,给予别人适度的赞美或夸奖。这是非常必要的。看看乔然的例子吧,之后你便会知晓赞美的妙处。

老板突然安排乔然参加一个晚宴,他和举办晚宴的主人并不熟悉。不过,他只通过打招呼便建立了与对方的联系,并让对方对自己有一个良好的印象。他微笑地说："××总，您好，我是×××公司的乔然。感谢您的邀请，我才能来见见世面。我们老板时常提到您，今天有幸见到您本人，正如我们老板所说，您很有气场……您和我们老板都是成功人士，是我努力学习的榜样。我应该趁年轻多努力，争取在未来能成为您和我们老板那样的人……"

乔然给宴会主人戴高帽，虽然对方明知道如此，但是因为他态度真诚，赞美适度，所以也对他产生了好感。同时，乔然还有一个聪明之处，那就是当着别人的面赞美自己的老板，当这些话传到老板耳朵里，自然也让老板满心欢喜。

在晚宴上，乔然与其他宾客寒暄时，也会巧妙地称赞他人。与女士交谈，他赞美道："您的衣服很显气质！""通过交谈，我发现您对××很有研究！"与成功人士交谈，他赞美道："我听说过您的大名，您在业界可是大神般的存在！""您是这个行业发展的领路人，见到您，我真是不枉此行！"在晚宴上，乔然与很多人谈笑风生，度过了一个美好的夜晚，而与他交谈的人也对他有不错的印象。

世界上最动听的声音是赞美，最好的礼物也是赞美。赞美可以瞬间赢得好感，可以让良好的人际关系在一言一语中轻松地建立。所以，不管面对下属、同事、老板以及商务伙伴，我们都要给予赞美。当然，赞美是一件好事，但不是一件容易的事情。不掌握赞美的技巧，好事也会变成坏事。那么，如何赞美他人呢？

第一，赞美要真诚、适当。

虽然人人都爱听赞美，但并不是所有的赞美都让人高兴。能引起对方好感的，是那些真诚的、适当的赞美，是基于事实的赞美。而那些虚情假意的奉承、夸大其词的吹捧，只会令人尴尬与厌恶。

第二，赞美要言之有物。

赞美他人时，要着眼一个点，比如一个优点、一份成绩，而不能泛泛而谈。就算你只赞美对方身上小小的优点，赞美他做的一件小事，也能令对方心花怒放。

比如，在商务场合赞美女性，应该说"你的衣服很显气质"，而不是"你很美"；赞美一个人的成绩，应该说"你的策划案构思非常棒"，而不是"你很厉害"。

第三，间接赞美。

与直接赞美相比，间接赞美更有效果。比如借别人的口来转达赞美的话，或是引用他人说过的话来赞美，可以让对方印象更深刻。赞美下属时，可以说"小齐最近表现不错，你们要向他学习"（当然，这是对其他下属说的，并且确保能够传到小齐耳朵里），或是"老板说你业绩不错，做得很好"，会让人感受到更多的真实感和自豪感，效果会放大几倍。

第四，区分场合和对象。

赞美要分场合和对象。关于场合的问题，如果在商务场合，语言要有针对性，方式要含蓄，不能太随意。如果在生活中，语言不能太官方，更不能咬文嚼字。

关于对象的问题，赞美时要看对象的年龄、性别、职务，根据对方的身份地位来组织语言，否则可能会弄巧成拙。比如，对于年轻女士，应该赞美她的穿衣打扮；对于成熟女性，应该赞美她的气质或事业。

第五，赞美要点到为止。

赞美的话动听，但不是越多越好。赞美的话要点到为止，寒暄之后，彼此的距离拉近了就应该转入正题，或是谈论其他一些话题。如果只是一味赞美，那么就会把赞美变为吹捧，反而会过犹不及。

第六，要雪中送炭而不是锦上添花。

锦上添花，人人都会，但是雪中送炭的事，却少有人愿意做。帮助他人是如此，赞美他人也是如此。所以，我们要赞美那些事业有成的人，同时也要赞美那些深陷困境的人，赞美他们身上的某种性格、精神与品质；要赞美那些备受批评或指责的人，寻找他们身上的闪光点，给予肯定与赞美。这样的人最需要赞美，此时的赞美也最有力量，能激发出对方强大的奋斗热情。

39.如何回应对方的赞美?

商务场合的应酬交谈是双方面的,是一个互动的过程。我们说出的话,对方感兴趣,会给予我们及时的回应。当然,对方说出的话,我们也应该给予恰当的回应,还给对方尊重与面子。

尤其是参加各种各样的商务宴请时,总是免不了会听到别人的赞美,这个时候如何回应?很多初入职场的年轻人的第一反应是谦虚,连忙摇头、摆手,嘴里说着"没有,没有,我真的不行""哪里,哪里",或是不好意思地低下头,羞涩地微笑。还有一些自我感觉良好的年轻人,开始自卖自夸起来,"那是当然,我最善于……""那还用说,我是这个团队里学历最高的、能力最强的"。不管是过度谦虚还是洋洋得意,都是错误的。这样的表现会让人认为你不够成熟,不愿继续与之交流。

李飞是个职场新人,毕业于名牌大学,很有能力,所以受到领导青睐与喜欢。一次,李飞与领导参加客户的宴请,双方寒暄一番后,开始聊一些娱乐八卦、兴趣爱好,后来聊个人的经历。这个时候,领导拍了拍李飞肩膀,说:"这个年轻人很优秀,毕业于××大学,我很看好他，你以后也要照顾照顾呀。"客户听了，立即夸奖说："××大学，那可是名牌呀！也是我当年的梦想！可惜，我差了十几分，与它擦肩而过！小伙子，你可真厉害！以后一定前途无量！"

听了这样的赞美，李飞立即谦虚地说："哪里哪里！××总，您夸奖了！我们学校虽然也是名牌大学，可远远不如清华北大。"

客户继续说："你太谦虚了！××大学也是国内一流的，能考进去的人都是很优秀的，毕业出来的人也是佼佼者。"

李飞继续谦虚："没有没有！其实我当年不算优秀，只是'瞎猫碰死耗子'，运气比较好。而且，我们学校也没那么厉害……"

李飞还没说完，领导便打断他："李飞，××总这么夸奖你，你还不感谢感谢。来，端起酒杯，敬××总三杯！"李飞不知道领导为什么突然打断自己，但还是照做了，敬了客户三杯酒。

事后，领导语重心长地对李飞说："以后遇到别人的赞美，不管是真心还是恭维，都只需适度谦虚一下，然后表示感谢就可以了！否则，你就错了。"

李飞错在哪里？一是过度谦虚。谦虚是中国的传统美德，别人赞美我们时，可以谦虚地回应，但也要适当地接受赞美，这是礼貌，也是高情商。如果过度谦虚就错了，反而让对方感觉虚假、不真诚。二是不在意别人的感受。客户已经说了"这座大学是我的梦想，是我拼命努力，却够不到的"，李飞却说"这座大学没那么厉害，我只是'随随便便'靠幸运就考上了"，这种谦虚的话，不就是让客户难堪吗？或许他是真谦虚，但是在别人看来，这或许就是炫耀，是对客户的嘲讽。好在领导及时制止了李飞，否则场面恐怕更尴尬。

所以说，面对别人的赞美，如何得体地回应是一门学问，下面来介绍几个技巧。

第一，坦然接受，表示感谢。

面对别人的赞美，最简单的方法就是直接坦然接受，并感谢对方的肯定。我们可以说"谢谢您的称赞""感谢您能这么说"。别人赞美得真诚，你感谢得也真诚，彼此关系自然就拉近了。

第二，感谢并赞美对方。

感谢并赞美对方，是一个很巧妙的回应方式。比如，客户赞美你的方案做得好，有创意和想法，你可以这样回应："非常感谢您的肯定和夸奖，不过这个创意灵感来自您的意见，要不是您上次提出宝贵意见，我恐怕很难有这样的灵感！"当然，这必须基于事实，若是对方的意见没有建设性，只是吹毛求疵，那么这样的回应与赞美恐怕只会让对方恼火，认为你是在嘲讽他。

第三，谦虚，但不要过分谦虚。

不管对方如何赞美和夸奖，我们都不能翘尾巴，然后自卖自夸，只有保持低调和谦虚，给予对方尊重，才能让对方心情愉快。但是，之前我们也说过，可以体现谦虚，但不能过分谦虚，也不能像李飞那样因为谦虚而忘了说话的分寸。

当客户夸奖你："小伙子，你表现不错，很有气场！"你可以这样回应："您过奖了！我是初出茅庐，以后向您学习的地方很多，希望您以后多多指点……"保持低调和谦虚，并且有向对方请教的态度，这样的人谁不喜欢。

第四，根据不同对象，做出不同的回应。

当赞美自己的对象是上司、老板或客户时，要适当地表示谦虚，"承蒙夸奖""不敢当，不敢当"，同时保持微笑，然后表示"我还有很多地方需要向您学习""我要继续努力，不辜负您的期望"。

当赞美自己的对象是熟悉的同事或是朋友，可以用幽默的方式，"你很有眼光嘛""低调，低调，不要夸奖得太明显，否则我要飘起来了"，这样的回应不仅可以活跃气氛，还能让人见识到你的幽默。

第五，面对恭维，及时提醒对方。

如果对方表达赞美，是因为有事相求，那么回应就更需要技巧了。看清对方的恭维之后，可以表示感谢，但也要提醒对方："您言过其实了，而且我对恭维免疫了。"记住，我们只是客气地提醒，不能言辞过激，否则只会让关系恶化，给自己带来麻烦。

第六，对比托举，把对方的重要性凸显出来。

在商务接待中，客户夸赞你说："小李，你费心了，今天的安排很周到，真是不错！"这时候，你需要表示感谢，并突出领导和客户的重要性，可以这样回应："××总，感谢您的夸奖！您是我们公司的重要客户，又是××总的好友，必须享受VIP待遇呀！"

40.如何优雅地说"不"？

不管在商务场合还是生活中，我们不可能答应所有人的所有要求，所以必须要学会拒绝。可是拒绝就意味着了否定对方，不能让对方如愿，自然也会引起对方的不满，甚至是怨恨。所以，如何在拒绝他人时，不让对方不满，反而让对方继续愿意和我们交往，这就成为很多商务人士需要学习的技巧。

事实上，很多商务精英都懂得拒绝的艺术，可以把拒绝的话巧妙地说出口，所以他们事业有成，人缘也非常好，走到哪里都受欢迎。

一位出版商邀请一位出色的漫画家为自己创作一幅漫画，内容是关于呼吁社会公众关注电动车安全方面的。但是，漫画家的作品并不理想，没达到出版商的期待，那么如何巧妙地拒绝这幅作品，让漫画家再重新创作一幅呢？

出版商想到一个办法，他邀请漫画家共进晚餐，并对这幅漫画进行了赞赏。可接下来，他却一边喝酒一边自言自语起来，说出自己的一些意见，以及自己理想中漫画的样子。听了他的自言自语，漫画家突然来了灵感，主动说："先生，我有一个新想法！之前为什么没想到呢？请你把之前的那幅漫画扔进废纸篓，我两天后再给您一幅更好的作品。"

就这样，问题解决了。他通过自言自语的暗示，让漫画家意识到自己的问题，主动提出重新画一幅作品。试想若是出版商直接拒绝，"不好意思，您这幅漫画我不满意，请您再重新画一幅""我拒绝刊登这幅漫画，因为它不符合我的要求"……结果会怎么样？恐怕会让双方关系僵化，还可能导致合作破裂。

拒绝是一种态度，也是一种能力。不管任何时候、任何场合，拒绝都需要策略与技巧。那么，我们需要掌握哪些拒绝的技巧呢？

第一，表示歉意，多用礼貌性语言。

拒绝，总会给别人带来伤害，所以应该表示歉意，并且多用礼貌性语言，比如"深感抱歉""还请见谅""不好意思"等。对方感受到我们的歉意与尊重，自然不会心生不满。

第二，先感谢，再拒绝。

在职场或商务交际中，有人邀请你参加聚会、晚宴，你有事不能参加，或是不太想去，不能直截了当地回绝，而是应该先表示感谢，然后再委婉拒绝。可以说"感谢你的邀请，我非常愿意参加，不过……"，这样的拒绝不生硬，对方也愿意接受。

第三，拒绝之后，找个替代方案。

当别人寻求帮助，而你又无法提供帮助时，最好不要直接拒绝。这很伤人，也会得罪对方。在拒绝之外，若是能为对方找到合适的替代方案，帮助对方解决问题，那么对方不仅不会因为被拒绝而恼怒，反而还会感激不已。

第四，用幽默的语言来拒绝。

幽默的话语，具有神奇的效果。拒绝别人时，不妨借用幽默的话语，或是自嘲一番，或是巧用幽默的比喻，让对方会心一笑，自然就可以把拒绝的话说得更令人舒心了。

第五，找个合适的借口。

拒绝别人，有时是避免不了的。这个时候，不妨为自己找一个合情合理的借口，只要你的借口实在，让人听着舒服，并且不会给别人带来尴尬，那么就可以堪称巧妙的拒绝。比如，在商务酒会上，别人邀请你跳舞，而你实在不想跳，就可以直接说："对不起，我刚跳完一支舞，想休息一下。"

第六，学着"打哈哈"，揣着明白装糊涂。

在一些场合，别人提出要求，若是你认为答应了会引起麻烦，完全可以用"打哈哈"的方式来应对。比如假装没听见，或是故意岔开话题，这样既维护了对方的面子，又不让自己受委屈，就是一种高情商的表现。

第七，采用"缓兵之计"。

在拒绝这件事上，有时拖延不失为一种好方法。当别人提出要求，或是寻求帮助时，我们一时找不到好的挡箭牌，又不能立即拒绝，采用"缓兵之计"的方法来拒绝，或许就可以解决问题。"我过两天再给您答复""我现在比较忙，你可以等一会儿吗"，当对方等了一段时间仍没有结果后，自然就会主动撤退。

当然，若是你已经答应人家，那就不要拖延。否则这就是不守信用，很难再得到尊重与信任。

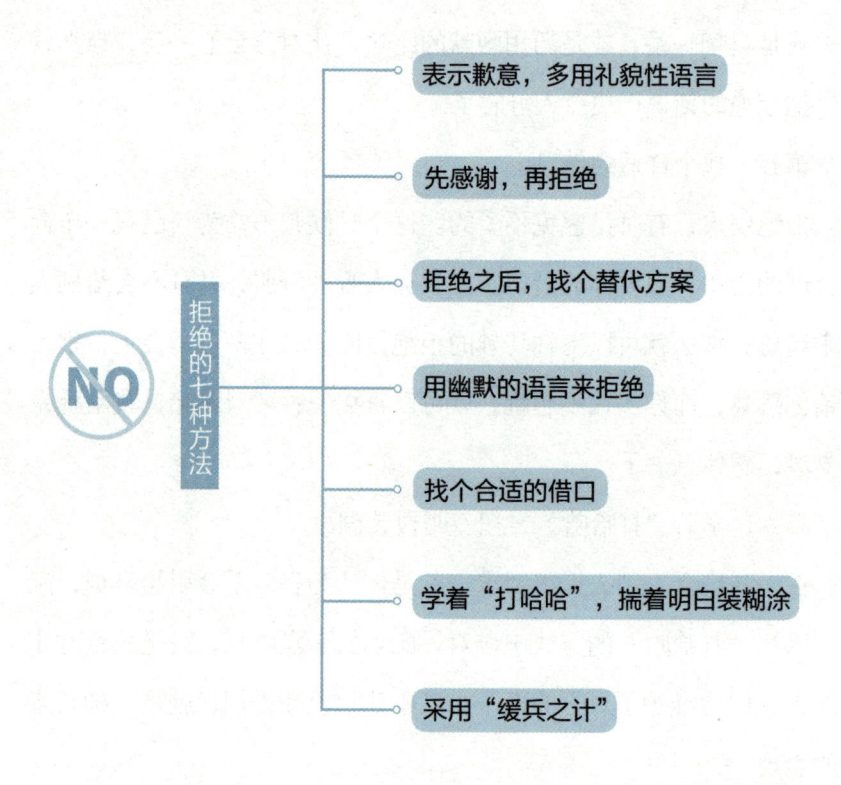

拒绝的七种方法：
- 表示歉意，多用礼貌性语言
- 先感谢，再拒绝
- 拒绝之后，找个替代方案
- 用幽默的语言来拒绝
- 找个合适的借口
- 学着"打哈哈"，揣着明白装糊涂
- 采用"缓兵之计"

图3-9 拒绝的七种方法

# 第四章
用餐有礼

Business Etiquette

41.请客吃饭要提前几天预约?

有一句民间谚语得好说,"三日为请,两日为叫,当日为提溜",一般家中有喜事向亲朋好友发请柬,应该在喜事举行的三天之前发出邀请。亲朋好友接到请柬,准备贺礼,并按时前往。邀请者不能提前发出请柬,或是被邀请者没准备好贺礼,这都是失礼的行为。

换句话说,邀请他人需要提前三天"预约",是我国传统的礼仪。三天之前"预约",是诚心诚意、礼数周到的"请"人;两天之前"预约",就会显得心意不诚,礼数不周;当天通知,就会让对方觉得没把自己当回事,只是"充数的",或只是客套客套。

现如今的职场上或商务活动中,也是如此。请人吃饭通常都要提前预约,告知对方准确的邀请时间。这是最基本的商务礼仪,一是表示对对方的尊重与重视,二是方便对方安排时间。如果不懂这个礼节,会让人误以为你不尊重或不重视对方,因此而认为你失礼,甚至会直接拒绝赴约。

王进是一个新员工,进入公司后受到主管领导的照顾,学到很多东西,后来因为表现不错被评为"优秀新人"。为了表示感谢,王进决定请主管领导吃饭，年会后第二天，王进找到主管领导，热情地说："主管，我能取得这样的成绩，全靠您的照顾与指导。我得好好感谢您，今天晚上我请您喝一杯！您一定得赏光！"

主管领导笑着说："不用客气！我今天有事，以后再说吧！"

又过了几天，王进再次提出邀请，可主管又拒绝了。王进不解，向别的同事请教，同事苦笑着说："这是你失礼了。你没听说请人吃饭最好提前预约吗？哪有当天提出邀请的？这显得很不尊重人，更显得没诚意。"

王进这才明白过来。过后，他再次提出邀请："主管，之前是我不懂礼数，您请见谅。我是诚心诚意邀请您吃饭，以表达内心的感谢之情。您看您这个周五晚上（三天后）有时间吗？有时间的话，我在××定个包间，……"

果然，这次主管领导并未拒绝。

临时请人吃饭，或参加宴会，是不礼貌的行为。只要正式请人吃饭，那么就必须提前预约，不仅是对他人的尊重，也能让对方提前安排好时间，这样自然就不会因为失礼而被人拒绝。那么，在请客吃饭这件事情上还应该注意哪些要点？

第一，大型宴请或是宴请重要的人，需要提前一周以上。

提前预约的时间，应该根据宴请的规格、客人的重要程度来确定。宴请的规模比较大，客人非常重要，那么我们就需要至少提前一周的时间进行预约，告知对方准确时间、地点。并且，在约定前三天、前一天还需要进行提醒，再次确认时间与地点。

第二，邀请好朋友或关系较好的同事，可以提前一天。

如果我们邀请的是好朋友或关系较好的同事，就没必要恪守"三天为请"的规则，提前一天也可以。但是，除非与朋友、同事关系特别要好，或是情况特殊，最好不要当天通知，更不要临时"提溜"。

第三，提前预约的时间不应太长。

不能临时通知，也不能提前太长时间。如果你只是请同事吃个饭，或是宴请一下客户，便提前一个月预约，别人会以为你在开玩笑。就算不是开玩笑，这么长时间，不确定因素很多，对方也不好安排时间。

不过，要是企业××年盛典、婚宴、寿宴等大型宴请可以提前一个月发出正式请柬或通知，以方便领导、同事、客户做出安排。

第四，得到答复后，提前安排。

得到对方准确的答复后，我们要提前安排，比如，告知具体的时间、地点、包间，提前了解对方的喜好、忌口等。

邀

请客提前多久约？

◆ 大型宴请或是宴请重要的人，需要提前一周以上。
◆ 邀请好朋友或关系较好的同事，可以提前一天。
◆ 提前预约的时间不应太长。
◆ 得到答复后，提前安排。

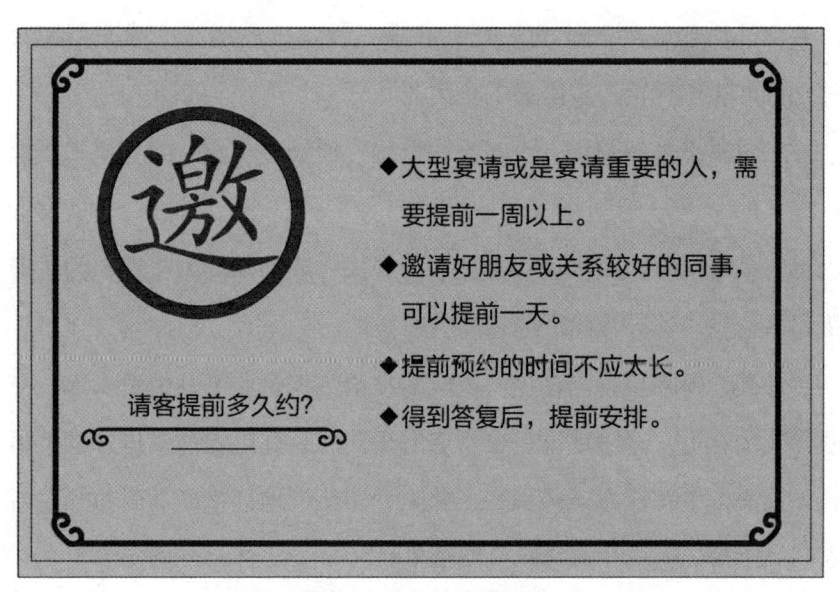

图4-1 请客吃饭要预约

42.中餐座次安排有讲究

在商务交往中，座次礼仪是非常重要的，而中餐座次礼仪更是商务宴请礼仪中的重中之重。身份、年龄、性别等因素是安排座位的依据，总体来说，主宾或地位高的人坐上座，而在我们中国，自古就有左为尊，右为次；上为尊，下为次；中为尊，偏为次的规则，现代的商务交往中也按照这样的规则来安排。所以，邀请客户或职场聚会时，不可乱了规矩，安排错了座次。

然而似乎很多职场人士并不注重这一项细节礼仪，或者根本不懂这里面的学问。祁阳刚进入职场两年，不经常参加应酬，一是没资历，二是没经验。后来，祁阳被领导提拔，成为部门副主管，为了锻炼和培养他，领导开始带他参加商务宴请。

一次，祁阳与领导在项目谈成后宴请合作企业的几位负责人，在领导的示意下，祁阳定下一家酒店的贵宾间，并且提前安排好相关事宜。很快，主宾双方人员到齐，祁阳立即热情地迎接，然后拉开对着大门的座椅，说："××总，您请坐！"

但是，对方并没有落座。领导马上拉开另一个座椅，说："××

总，您请坐！"这时，对方自然地落座，并微笑着说"谢谢"。接下来，领导安排对方几个负责人依次落座，然后公司的几位陪同人员也随着落座。

事后，祁阳向领导请教："领导，不是说对着房门的座位是主宾位吗？为什么我安排××总落座，却遭到拒绝呢？"

领导回应说："因为那是'主人位'，谁做东请客谁坐。我安排的那个座位才是'主宾位'，是最重要的客人或职位高的人的位置。座次安排里面有很多学问，你还需要多学习学习。"

直到这时，祁阳才知道原来商务宴请的座次安排也如此复杂，不仅要分清主角与配角、主人与宾客，还要分清主宾、副主宾与主陪、副主陪。为了避免再犯类似的错误，祁阳对此进行了详细的研究。其实，不仅祁阳需要好好学习，大家都需要好好学习。商务宴请的座位安排有以下这些讲究。

第一，左高右低。当两人一同并排就座时，通常以左为上座，以右为下座。这是因为中餐上菜时多以顺时针为上菜方向，居右者因此比居左者优先受到照顾。

第二，中座为尊。三人一同就餐时，居中坐的人在位次上要高于在两侧就座的人。

第三，面门为上。倘若用餐时，有人面对正门而坐，有人背对正门而坐，依照礼仪惯例则应以面对正门者为上坐，以背对正门者为下座。

第四，观景为佳。在一些高档餐厅用餐时，在其室内外往往有优美的景致或精彩的演出，供用餐者观赏，此时应以观赏角度最佳处为上座。

那么上座谁坐呢？一般来说，请客方也就是主方的领导上座，同时中国人好客，有些地方为了表示热情也会邀请主宾为上座。

如果是一家人聚餐，长辈为上座。

男女朋友约会，女生为上座。

朋友一起吃饭，请客的人为上座。

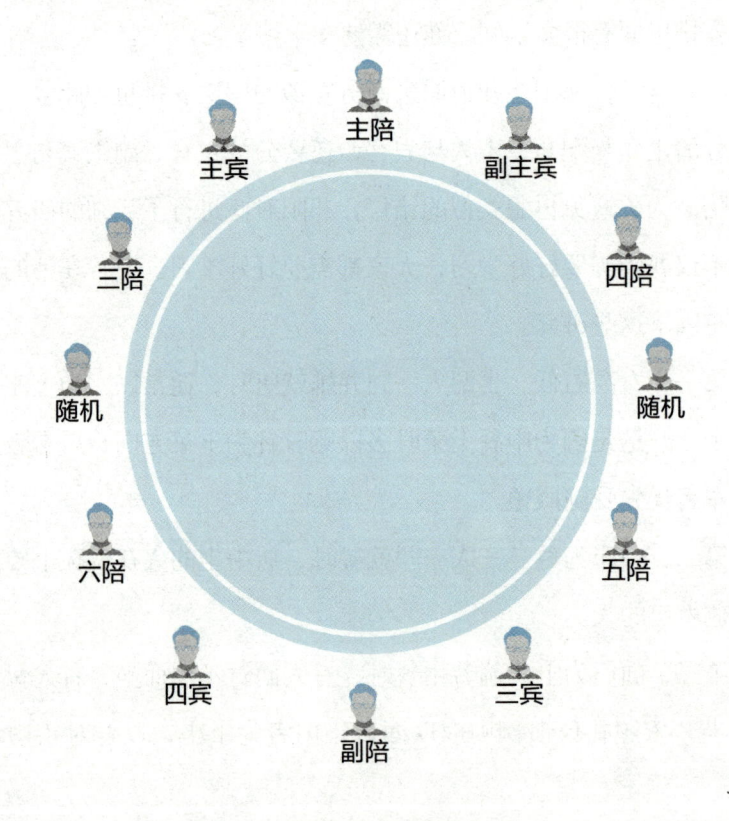

图4-2　商务宴请中的座次礼仪

43.入座与离席的细节

中国饭桌上的讲究很多，不可忽视任何一个细节。就连小小的入席与离席，也需要注意很多细节。比如入座的先后、入座的方向，以及入座的方式等，这些都是有要求的。如果不懂这些礼仪，或是忽视这些细节，就会给人留下不好的印象。

因此，不管是商务活动还是日常生活，我们都需要注意入座与离席的细节，切不可因小失大。方圆与老板一起接待客户，事先老板特意交代他注意餐桌礼仪，在点菜、座次安排上讲究一些。方圆记住了老板的嘱咐，还特意查阅资料、请教朋友，自以为万无一失。

可安排客户与老板入座时，还是出现了一个小插曲。请老板在主人位落座后，方圆邀请对方领导入座，却请对方领导从座位右侧入座。老板见状，立即站起来，请对方从座位左侧入座，抱歉连连地说："很抱歉，年轻人不懂规矩！"说完，老板转头对方圆说："请人入座，要请人从座位左侧落座。这是礼貌！"

方圆知道自己犯错了，也连忙向客户方领导致歉。之后，邀请其他客人入座时，他都按照这个原则来执行。事后，方圆又特意请教老板，原来入座与离席都是有讲究的，很多时候人们不注意这个细节，但是在正式商务宴请上，如果犯了错，影响也不小。

下面，我们来了解一些入座与离席的基本要求。

第一，在长辈、领导、重要客人入座后，自己才能入座。

入座有先后，应该按照年龄大小、职位高低、座位主次的顺序来入座，千万不要抢着入座。长辈还没坐下，你就坐下了；领导还没坐下，你就坐下了，这样只会被人视为没礼貌、没教养。

离席时也是如此。

第二，从座位左侧入座。

从左侧入座，是最得体的方式。这是一种礼貌，也方便落座。当然，引领别人入座时，也应该遵循这一原则。

离席时，也应该从左侧离开。

第三，女士优先的原则。

如果就餐时有女士在场，应该遵循女士优先的原则，请女士先入座、离席。

第四，动作要轻，不要让座椅乱响。

入座时动作轻缓，拉动座椅时要小心谨慎，最好不要弄出响声，不要把坐垫、椅罩弄到地上。如果不可避免地弄响桌椅，需要向左右两边的人示意，以表示歉意。

第五，入座时要与左右打招呼。

如果座位两侧是熟人，应该主动打招呼。如果是陌生人，也应该点头或是微笑示意，离席时也是如此。

第六，坐姿要优雅。

入座时，坐姿要优雅，上身保持挺直，双腿并拢，双脚不能摇晃，双手放在大腿上。坐在椅子上，不能用力倚靠椅背，也不能趴在餐桌上。女士如果着裙装，需要将裙子的下摆稍微收拢一下。

第七，事先离席，需要打招呼。

事先离席或是有事外出，需要用语言或动作向左右的人示意。如果你是主宾，需要向主人示意；如果你是主陪，有事外出，需要向主宾示意。

44.转桌礼仪和夹菜礼仪

在商务活动中，用餐可不仅仅是为了填饱肚子，你的餐桌礼仪过不过关，会直接影响到客户对你的印象和评价。

在商务用餐时，面对满桌子的菜，尤其是那些距离我们比较远，却又偏偏合我们口味的菜，我们到底应该如何下手，才能既填饱肚子，又不失礼数呢？

现在很多饭店的为了方便客人夹菜，通常都在餐桌上设置了"转台"，通过旋转转台，我们就能轻松夹到自己喜欢的菜品，可以说是非常方便。但需要注意的是，旋转转台也是需要讲求礼仪的。通常来说，有以下几点需要注意。

第一，如果是手动式转台，一定要顺时针转，代表顺顺利利；

第二，客人夹菜时不能转桌，客人夹完菜后再转；

第三，转动时除了注意其他客人是否夹菜之外，还需要注意转台是否会碰到餐具，如果有就需要提醒客人注意；

第四，转动转台时一定要缓速均匀转动，也能让其他客人品尝到其他菜肴，而不是按照自己的意愿转；

第五，用餐时，不要频繁转动转台，要把客人爱吃的菜或特色菜转到客人面前，推荐他们品尝；

第六，一般逆时针转餐台会出现在丧事上，希望时光逆流，亲人还在身边。

除了需要注意旋转转台的各项礼仪，在用餐时，有一些小问题也是需要我们注意的。

比如在夹菜的时候，一定不要站起身，伸长手臂去夹，这样会显得自己很"贪吃"。而且，在伸长手臂夹菜的时候，也容易影响到身边的人，挡住他们夹菜。更何况，这种姿势也比较不雅，很容易引起别人的反感。

另外，商务用餐的重点还是在于商务，而非用餐。而讲究用餐礼仪往往能够让我们更容易获得别人的好感与认可，让我们的努力事半功倍。

45.点菜技巧

商务应酬中，点菜是最难的事，也是最应该重视的事。由谁点菜、点什么菜、点多少菜，等等，这些都很有讲究。点菜点得好，有档次又不铺张，搭配适度又不失礼节，自然主客都满意，相聚甚欢。可点菜点不好，过于铺张或是过于寒酸，不考虑客人的口味与禁忌，那么就会给之后的交谈增加阻碍。

点菜是"小节"，但也是不可忽视的"小节"。很多时候，恰恰是这样的"小节"，会让之前产生的好感顿然全失，让之前的努力付之东流。

林磊是一家公司的销售经理，为了宴请一位重要的客户，拿下一笔不小的订单，特意在当地一家有名的饭店定了包间。林磊先让客户点菜，客户随便点了两道凉菜，又点了一道荤菜、一道海鲜。之后林磊为了表现诚意，特意又点了几款特色菜，并且介绍说："这几个特色菜非常不错，味道好，绝对不输米其林三星水平。"

这时，客户的脸色微变，但林磊只顾寒暄，并未注意到客户的神色变化。上菜后，林磊一个劲地夸赞特色菜，还殷勤地给客户夹菜。

客户迎合着，但一口都没品尝，只稍微吃了几口自己点的那几道菜。

用餐结束后，林磊以为签单肯定十拿九稳了，没想到订单却泡汤了。林磊非常困惑，不知道问题出在哪里。之后请教朋友才明白过来，原来自己输在那顿饭上。客户是广东人，口味喜清鲜，以甜为主，吃不了辣，但是林磊却忽视了这一点，他点的那几道菜确实是特色菜，档次也比较高，但是口味偏辛辣。商务宴请中，如果不弄清客人的口味，触碰对方的禁忌，自然让对方反感。客人认为林磊不尊重自己，所以才临时改变了主意。

由此可见，饭局中如果你是宴请者，那么就需要在点菜上下功夫，掌握点菜的技巧与原则，绝对不能想当然地随便点，或是按照自己的喜好来点。那么应该掌握哪些点菜技巧与原则呢？

第一，看"事"点菜。

我们应该按照宴请的重要程度来点菜，如果事情比较重要，是正式的宴请，宴请的人职位比较高，那么就应该提高规格和档次，不能太寒酸。如果事不算重要，只是普通的商务会谈，那么就不能太铺张，规格和档次不能太高。

第二，看"人"点菜。

点菜时要按照人数多少来安排菜品的数量，通常来说，菜品数量是人的数量加2。比如，10个人吃饭，点12个菜比较合适。同时，凉菜与热菜、素菜与荤菜的搭配也要讲究，以12个菜为例，4个凉菜、8个热菜，热菜中有4个荤菜，最好包括鱼类或海鲜、禽类、畜类，以及汤，这样的比例是比较合理的。

宾客的性别也与点菜的数量及荤素搭配有关系，如果男士比较多，要适当加一两个菜，尤其是荤菜；如果女士比较多，素菜和口味清淡、偏甜的菜应该加一两个。

第三，看"口味"点菜。

不同地区的人，口味、喜好也不同。比如湖南人口味偏香辣，喜欢吃辣椒；广东人喜欢清鲜、甜食，喜欢喝汤；福建人喜欢甜酸咸香的菜品；而上海人则口味清淡，喜欢吃食物的本味。

宴请宾客时，一定要事先了解客人的口味偏好，点符合对方口味的菜品，或是选择相应的饭店。

第四，了解他人的忌口。

除了口味不同，不同的人也有不同的忌口。有的是因为身体状况，有的是因为宗教信仰或生活习惯。但是，不管出于什么原因，我们都应该事先了解，或是当场询问"各位有什么忌口吗"，如此才不会触碰别人的忌讳，给人留下好的印象。

第五，控制好预算。

宴请客户，一定要按照客人人数、宴请重要程度来控制预算。菜品太多，就会铺张浪费；菜品太少，显得寒酸、不礼貌，此时不管是公司领导还是被宴请对象都不会有好印象。

第六，不要让领导点菜。

作为赴宴的一方，都会遵循"客随主便"的原则，把点菜事宜交给请客方来安排。这时候，如果你是主办者，最好不要让领导点菜，但是点完菜后需要征求领导意见，把菜单递过去，看领导是否加菜。

第七，尽量少点需动手抓食的菜品。

商务宴请时，最好少点螃蟹、龙虾等需要动手抓食的菜品，就算点了，也应该选择方便食用的烹饪方式，否则会让客人感到有些尴尬。

第八，关于酒水的注意事项。

在商务宴请中，酒水必不可少。点酒水时，要先点菜后点酒水；要按照人数来确定酒水的数量；要征求客人的意见，尊重客人的喜好。如果是中餐，最好是白酒；如果是西餐，最好是红酒；如果有女士在场，需要为女士点饮料。

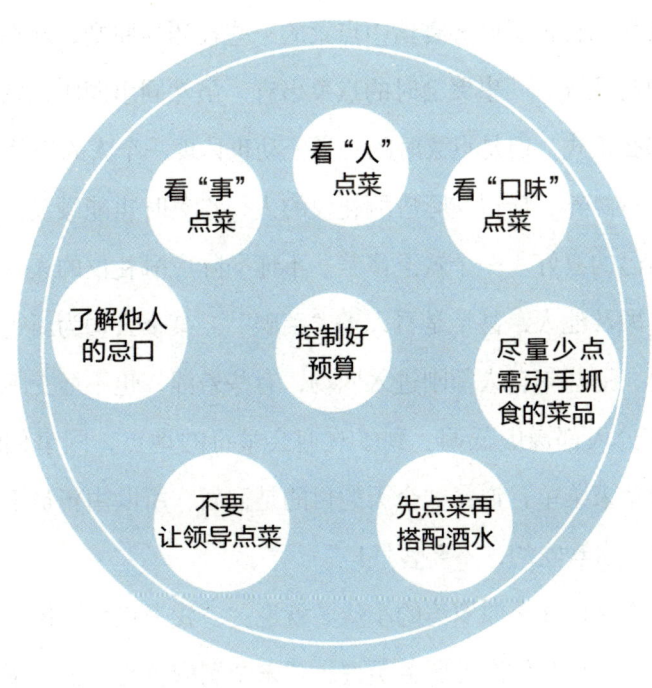

图4-3 点菜的技巧

46.点菜见修养

之前我们讨论了商务宴请中点菜的一些技巧与原则，现在我们讨论职场中与领导、同事聚会时的点菜事宜。虽然同事间比较熟悉，聚会也不那么正式，但是点菜时的一举一动也体现一个人的修养。

一个有修养、懂得交际应酬礼仪的人，点菜时也能顾及他人，不会只顾自己的喜好。一个缺乏修养、不懂交际应酬礼仪的人，会抢着点菜，不顾及他人，甚至是看人下"菜碟"。某个公司为新进职员举行欢迎会，这些年轻人都刚进入职场，有些羞涩，也不懂交际礼仪，不过大部分人都谦虚低调。到了欢迎会举行的地点，同事们陆续落座，领导拿来菜单，说："今天的目的是迎新，所以由新员工点菜，大家点自己喜欢吃的，不要客气！"

话刚说完，一个叫罗涛的小伙子就说："我来点！"接下来，大家都傻眼了，只听他冲着服务员说："来个剁椒鱼头、香辣蟹、藤椒海螺片，再来个川味鲍鱼！好了，你们点吧？"说完，把菜单丢给旁边的另一位新人。

在场所有人都皱了皱眉头，而第二个新人笑着说："罗涛，你点的菜口味有些重吧！现在是夏天，吃那么多麻辣的菜，肯定会上火的。"

其实，这个新人是好心，委婉地提醒罗涛要顾及他人的口味。谁知罗涛根本没意识到自己的问题，反而说："这是川菜馆，当然要点辣的了，而且没有人不喜欢吃川菜吧！"

领导说："没关系！只要你喜欢就好！其他人都随便点！"

这个新人笑着说："那我就点一个上汤娃娃菜吧！"

之后几个新人也点了比较清淡的凉菜或素菜，罗涛还满是疑问："你们怎么都爱吃素菜？"其他人只能无奈地苦笑。

"窥一斑而知全豹"，从罗涛点菜就可以看出他的修养。领导让大家点菜，其实只是出于客气与礼貌。罗涛第一个点菜，这本无可厚非，因为毕竟得有一个人站出来。然而，他之后却犯了三个错误：一是点菜太多；二是完全只顾自己喜欢，不顾别人；三是菜品价格太高。正因为如此，他给领导和同事都留下了不好的第一印象，接下来在工作中也很难改变这个第一印象。

点菜可见修养，通常来说，点菜时若是有以下几个举动的，往往都很难受人欢迎。

第一，抢着点菜。

在餐桌上，不管是职场应酬还是朋友聚会，都不应该抢着点菜。如果有领导在场，或是有资历深的同事在场，那么你不要抢着点菜；如果你不请客，不是主要宾客，也不要抢着点菜。

第二，只点自己喜欢的菜品。

确定由你点菜后，要问在场的人喜欢什么口味、有没有忌口，不能只点自己喜欢的，或是自认为不错的菜品。以自我为中心，只点自己喜欢的，只会招人厌恶。

第三，随意乱点，只点贵的。

如果领导或朋友请你点菜，可以点一两个，不能多点，更不能挑贵的点。罗涛就不懂这个道理，一连点了好几个很贵的菜品，那就是没修养、没礼貌。

第四，喧宾夺主。

对于没有修养、不懂礼数的人，如果领导或请客人让他点菜，他便喧宾夺主，自己一个人把菜品点齐。这样的行为特别令人反感，夺了主人的面子，让场面极度尴尬，也失了为人处事的分寸。

这样点菜不可取

◆ 抢着点菜

◆ 只点自己喜欢的菜品

◆ 随意乱点，只点贵的

◆ 喧宾夺主

图4-4　点菜的禁忌

47.中国人吃饭端碗有讲究

在公开场合用餐，动作需要文雅一些，执筷端碗要有规矩和讲究。端着碗吃饭，是一种饮食文化，是一种对于父母的感恩。不端着碗，埋头吃饭，是一种不礼貌的行为。因为中国有一句俗语，"要以食就口，不要以口就食"。意思很简单，吃饭时把食物拿到嘴边，而不是用嘴巴凑到食物上。试想一下，吃饭时把碗放在桌子上，我们必须低头，趴在桌边去吃，是不是很不雅？是不是很不礼貌？

端碗吃饭，在家这是一种家教，在外这是一种礼仪。不端碗，或是端碗姿势不正确，都是没家教的表现，也是不懂礼数的表现。这样的人，在商务场合中会被认为是没有修养和素质的人。小陶不懂这个礼仪，在家吃饭很随意，想怎么吃就怎么吃，只顾自己吃个痛快，也不顾什么吃相。进入职场后，小陶有所收敛和顾忌，尽量控制自己不做出失礼的行为。但是，习惯不是一天养成的，也不是一天就能改掉的。

平时小陶习惯在茶几上吃饭，不端碗，而是把饭碗放在茶几上，一边看手机一边把饭往嘴里扒拉。小陶没想到，就是这个坏习惯让他丢掉了工作。那天，小陶与上司一起到外地考察，与一些达成初步意向的合作伙伴进行接触。第二天，他们就与一家大客户进行了洽谈，对方合作意向很强，双方相谈甚欢。为了尽地主之谊，对方宴请领导与小陶，期间，领导与对方负责人交谈着，小陶只是偶尔应和几句，其他时间就安静地吃东西。

令他没想到的是，领导回到住所就严厉地批评了小陶："你太令我失望了！在这种商务宴请场合，吃没吃相，把脸都埋进碗里，简直太失礼了！"随后领导让小陶先回公司，让另一个同事赶过来，继续完成之后的考察。

等领导回来之后，小陶就接到人事的通知——他被辞退了！

小陶冤枉吗？其实一点都不冤枉。吃饭是小事，但是在餐桌上不懂礼仪则是大事。每个人都代表公司的形象，个人形象不好、没修养、不懂礼仪，自然对公司的形象也有不良影响。正因为如此，在各种应酬交际场合，人们无不注重自己的一举一动。

中国人都讲究"坐有坐相，吃有吃相"，所以我们必须懂得吃饭端碗的讲究，避免犯错而不自知。下面来看看需要注意哪些讲究？

第一，吃饭时需要端碗，不能把碗放在桌子上，也可以用手扶住碗或是餐碟。

第二，左手端碗，端碗时大拇指按住碗口，四指扣在碗底，手心中空；端碗时要端到胸口处，不能太高或太低。

第三，不能手心朝上，用手掌或手指拖着碗，这是乞丐讨饭的姿势，是不雅的。

第四，如果是大碗，比如盛面条的碗，最好不要端着，而是应该用手扶着。碗比较大时，可以用筷子或勺子将食物转到小碗或餐碟里，不能把脸埋进碗里。

第五，吃饭时，不能用筷子或勺子敲打碗边。

第六，不管在家就餐还是商务宴请，我们都应该做到"光盘"，把碗里的饭吃得颗粒不剩，不能浪费食物。

第七，放下碗筷时，不能把筷子平放在碗上，同时也不能把筷子压在碗下。

48.使用筷子的规矩

筷子是中国独具特色的餐具之一，也是中华文明的象征之一。中国人使用筷子吃饭，是从远古就流传下来的习俗，自然这里面也有很多讲究与规矩。一般来说，我们使用筷子时，需要右手执筷，大拇指和食指捏住筷子的上端，另外三根手指自然弯曲扶住筷子；筷子两端需要对齐，不能一长一短。

在日常生活中，我们需要学习如何执筷、如何使用筷子的规矩，遵守用餐的礼仪。参加商务宴请、应酬交际更应该这样，不懂得使用筷子的规矩，犯了一些忌讳，就很容易招人笑话，甚至被人认为没教养。在生活中，没人愿意与这样的人交朋友；在商务活动中，也没人愿意接受和信任这样的人。

赵凯被邀请参加同事孩子的满月宴，同桌的都是公司里的领导、同事，大家相谈甚欢。赵凯平时不拘小节，此时又多喝了几杯，所以越说越兴奋，还手舞足蹈起来。一个同事小胡谈起最近举行的球赛，表示自己支持皇马，认为这个球队最有希望夺冠。可赵凯支持巴塞罗那，于是与小胡争论起来，说到激动之时还拿筷子指着小胡。

小胡生气地说："你说话就说话，拿着筷子指人是什么意思？"

赵凯解释说："没什么意思啊？你不要争辩不过，就故意挑刺！"

小胡更生气了："明明就是你不礼貌，还说我挑刺！你这个人真没教养！"

两人差一点争吵起来，同事们纷纷劝解。"这是人家孩子的满月宴，不要惹事，多不好！""是啊！都少说一句，少说一句！"这样，两人才安静下来。

赵凯犯了什么错？小胡是故意挑刺吗？其实，赵凯真的犯错了。在餐桌上，用筷子指人，与用食指指人一样，都是不礼貌的行为。这代表着挑衅、指责与辱骂，当然会惹怒小胡。另外，餐桌上与别人交谈时用筷子指着对方，也是不礼貌的行为。所以，不管是普通聚会还是正式的商务宴请，我们都需要注意使用筷子的规矩，不可犯了忌讳。

那么，除了这一点，使用筷子时还有哪些忌讳呢？

第一，不能将筷子长短不一地摆放在桌子上。

用餐前或用餐过程中，如果把筷子长短不一地摆在桌子上，是会招人厌恶的，因为这意味着不吉利，代表着"死亡"。所以，摆放筷子时，必须保证两端对齐，不能一长一短。

同时，筷子也不能交叉放在桌子上，这代表着对同桌人的否定，就好像孩子写错作业，老师在本子上打上"×"一样。

第二，不能将筷子平放在碗上，或是插在饭上。

筷子不能平放在碗上或是插在碗上，因为只有办丧事才会这样做，这叫"死人饭"。虽然现在的人不再迷信，但是一些比较传统的老人，或是某些地域都忌讳这一点。

值得注意的是，在一些地域，筷子放碗上表示自己还要继续用餐，筷子放则一旁表示用完餐了。所以，我们要视地域和具体情况来定，事先了解别人的习俗和忌讳。

第三，不能用筷子敲碗。

用筷子敲碗会被看作是"乞丐要饭"，因为过去乞丐要饭都是一边用筷子击打饭盆，一边哀求，这是很不好的行为。同时，用筷子敲桌子、茶杯也是很不礼貌的行为，是对主人和其他人的不尊重。

第四，不能把筷子含在嘴里，或是嘬筷子。

很多人习惯把筷子含在嘴里，嘬来嘬去，或是吃完一口菜，夹菜前用嘬一下。这是不礼貌的行为，如果声音较大的话，更是令人生厌。另外，嘬筷子夹菜，也是极其不卫生的。

第五，不能用筷子在菜里乱翻乱找。

夹菜需要礼仪，只能夹自己面前的菜，夹盘子朝向自己这一边的菜，同时夹住一块就回来，这是最基本的要求。如果拿着筷子在菜盘里乱翻乱找，找自己喜欢的东西，是缺乏教养与礼貌的表现，非常令人反感。

第六，不能用筷子夹菜不利索，到处掉落。

夹菜要稳、准、狠，不能犹豫，也不能把菜汤掉落到其他菜里或是桌子上。如果菜品不好夹，可以用勺子做辅助，也可以用碗接着。

第七，筷子要轻拿轻放

与别人交谈或碰杯时，我们需要放下筷子，而且要轻拿轻放，不能"啪"地放下，不能发出太大声音。同时，给别人递筷子时，如果距离较远，可以请别人递过去，不能直接扔在桌子上。

距离较近时，不能竖着递给人家，这与竖着插筷子是一个道理，好像在"上香",是不好的行为。

第八,不能用筷子指人,不能挥动筷子。

通过赵凯的事例,我们知道用筷子指人是非常不礼貌的,很可能引起不必要的冲突。同时,说话时拿着筷子胡乱挥舞,一方面容易把食物残渣弄到别人身上,另一方面容易戳到别人,也是非常无礼的。

第九,执筷位置不能太高或太低。

拿筷子的位置也是有规矩的,位置要恰当,通常在筷子尾部(较粗那一段)四分之一位置,中指尖在筷子中间位置。位置太高或太低都是不规范的,也是不礼貌的。

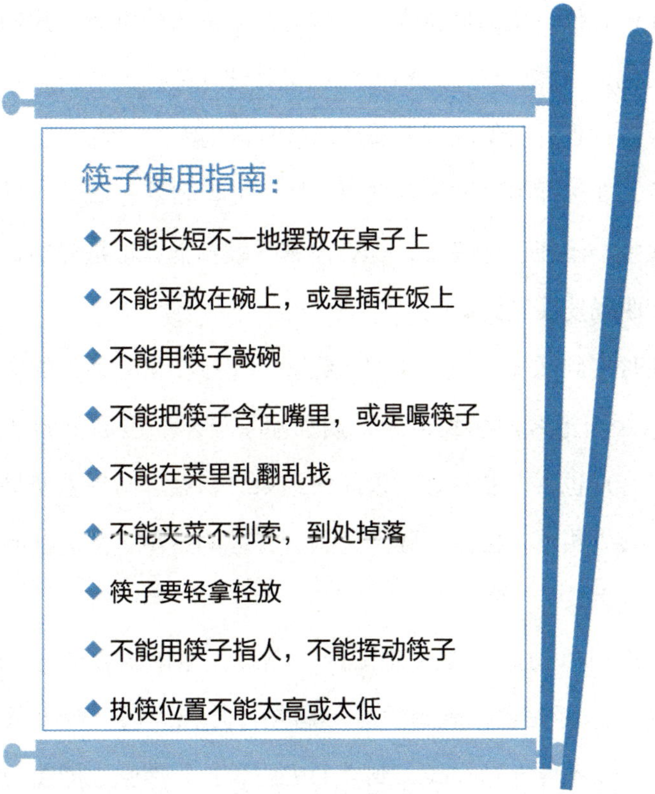

筷子使用指南:

- ◆ 不能长短不一地摆放在桌子上
- ◆ 不能平放在碗上,或是插在饭上
- ◆ 不能用筷子敲碗
- ◆ 不能把筷子含在嘴里,或是嘬筷子
- ◆ 不能在菜里乱翻乱找
- ◆ 不能夹菜不利索,到处掉落
- ◆ 筷子要轻拿轻放
- ◆ 不能用筷子指人,不能挥动筷子
- ◆ 执筷位置不能太高或太低

图4-5 筷子使用指南

49.参加商务宴请要懂眼色

参加商务宴请,不在于吃什么,而在于表现怎么样。参加商务宴请,需要懂得礼仪,更需懂得人情世故。想要懂人情世故,我们就得学会察言观色,当然,这不是指单纯观察其他人的面部表情,听其他人说话的表面意思,而是应该学着读懂或听懂别人的"暗示"。

懂眼色,能读懂暗示,说话做事就顺人心,自然也就受人喜欢。如果没有眼色,不能读懂暗示,那么被领导敲打批评都是轻的,很可能使得自己职场发展受到影响。

周强临时接到通知,晚上与部门经理一起接待从外地来的客户。周强陪部门经理把客户接到饭店,周强端茶倒水、敬酒倒酒非常周到,经理与客户也聊得非常好。饭局快结束时,经理向周强使眼色,意思是让周强去买单,但是周强并未领会经理的意图,反而纳闷经理到底是什么意思。

见周强没有行动,经理对他说:"小周,你让服务员上一个果盘。我和××总聊一聊,醒醒酒。"周强打开包间门,喊服务员过来。经理说:"不要在这里喊,到外面去看看!"周强立即起身,可没过一会儿就回来了。

趁着客户不注意，经理小声问："你买单了吗？"

周强停顿了一下，说："您没让我买单呀！不是让我要个果盘吗？"

经理无奈叹气，接着说："你现在就提前把单买了！"

送走客户，经理批评周强："小周，今天接待客户，你应该提前去买单，而不是临走时当着客户面买单。这是一种商务礼仪，难道你不知道吗？我示意你好几次，你都不明白吗？你这点眼力见都没有，以后怎么接待更重要客户啊？"

职场就是这样，有时领导的一个眼神或一句话中都包含着很多信息。如果不懂得察言观色，很容易引起领导的不满。所以，我们要学聪明一些，用心理解和领会其中的含义。参加商务宴请要注意以下几点。

第一，不让领导当众买单。

商务宴请中，领导代表公司请客，但是买单的应该是下属。下属买单，会让领导觉得有面子，也是给客户留面子——如果领导买单，那么对方是无动于衷还是抢着买？不管是哪一种情况，都是有失面子的。

不要担心钱的问题，事实上这种商务宴请，只要领导核准签字，那么公司肯定会给予报销的。

第二，该回避时要及时回避。

很多时候，领导与领导之间的交谈可能涉及商业机密，或是涉及不方便当着下属面说的事情，这个时候，我们需要看眼色、听话音，在该回避的时候回避。当领导让我们"催菜""要个果盘""叫个代驾"时，就应该及时回避，并且在外面多待几分钟，不要傻乎乎地坐在那里，或是立即返回。

第三，听懂领导的"弦外之音"。

宴请客户，有时还需要为客户准备礼品。如果领导与客户交谈时提到礼品，你需要及时备上，然后等客户离开时送到手上。比如领导与客户谈到本地特产，你可以说"我们这里的××非常有名，我已经为您备好了"，或是等宴请结束时直接送到客户手里。

第四，眼疾手快，察言观色。

民间有一个顺口溜，"领导敬酒我不喝，领导夹菜我转桌，领导讲话我唠嗑"，这些都是没有眼色的行为，更是饭桌上不符合礼仪规范的行为。所以，与领导参加商务宴请，尤其是宴请客户的时候，我们需要察言观色，为客户和领导添酒或添茶。不能只顾自己吃吃喝喝，或做出其他不当的行为。

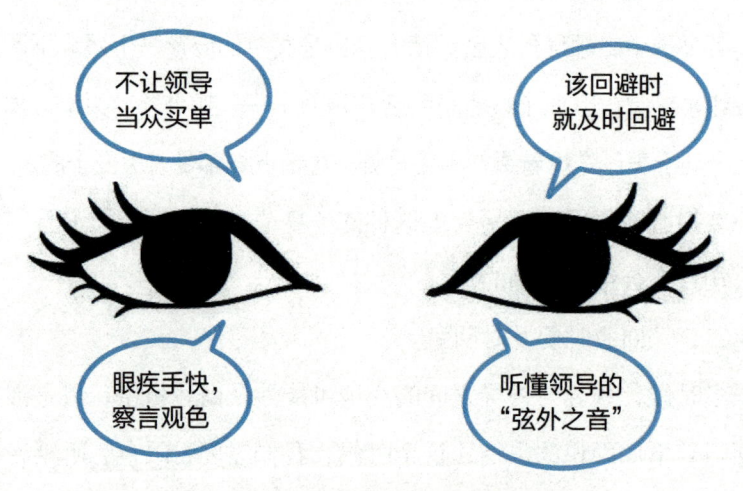

图4-6　参加商务宴请要懂眼色

50.常用敬酒词和拒酒词

无酒不成席。在中国，酒作为一种特殊的交际"媒介"，发挥着独到的作用。尤其是在商务活动中，酒更是必不可少的黏合剂。而说起酒桌上的那些事，更是可以说"成也敬酒，败也敬酒"。

敬酒中有一个非常重要的环节，那就是说敬酒词。以酒为媒介，辅以热烈的语言，才能将气氛更好地调动起来。而如何说敬酒词，才能让对方既舒服，又不尴尬，这也是文化内涵的一种体现。

在一次商务活动中，小王向领导李总敬酒，他说："李总，我敬您，我干了，您随意。"

说完，小王一饮而尽，根本没管李总是什么反应。而李总呢，手里还端着酒，尴尬地站在那里，也不知道这酒到底是喝还是不喝。

另一个同事小张也向领导李总敬酒，他说："李总，很荣幸跟您一起共事，我敬您一杯，希望以后多多关照。"

李总微笑回应，和小张碰了杯之后，将杯子里的酒一饮而尽。

同样都是敬酒，小王的问题就在于，他没有敬酒词，直接急吼吼地跳到了喝酒的步骤，好像在赶着完成一项任务，让人感受不到丝毫的诚意。对于这样一杯酒，领导自然是不想喝了，简直如鲠在喉。

而小张呢，虽然只简单说了几句话，但有了这几句话的铺垫之后，敬酒的动作就不会显得突兀了，而且还能顺势对领导表达自己的感谢和激动之情，并希望得到领导的指导与培养。这样的敬酒方式，显然更能让领导感到舒心。

以下是三句常用敬酒词，适用于很多场合

1. ×总，我敬您一杯，祝您事业长虹，家庭美满。

2. ×总，很荣幸认识您，我敬您一杯，希望以后多多关照。

3. ×总，听您一席话，胜读十年书，我敬您一杯，让我受益匪浅。

有人敬酒，那么自然就会有人拒酒。虽然说酒是中国餐桌文化中必不可少的元素，但有的人不想喝酒或不能喝酒，这种时候，面对别人的敬酒，就得好好想想，该如何拒酒而又不让敬酒人尴尬了。

以下几句巧妙的俏皮话不妨借鉴一下，或许会有帮助。

1. 感情不够才拿酒来凑，我可不想我们的感情有水分。

2. 为了不伤感情我喝，为了不伤身体我喝一点。

3. 只要有感情，喝什么都是酒，有感情就会有理解，我以茶代酒敬您一杯。

51.请客吃饭时,有人迟到等不等?

参加商务宴请,不迟到是一种礼貌。但是,作为请客的一方,如果遇到有一两个客人迟到,那怎么办?等,还是不等?等吧,在场的人肯定不舒服;不等吧,迟到的人也会不高兴。可以说,这是一个左右为难的事情。正因为左右为难,才考验我们的处理问题的能力以及说话的高情商。

事实上,不管等还是不等,只要我们能把话说得巧妙,不让场面尴尬,不让别人心里不舒服,那么就没有问题。王伟组织了一次聚会,邀请领导、同事参加。王伟提前半个小时到达饭店,安排好相关事宜,然后准备迎接其他人的到来。同事们陆续到场,大家一边喝水一边闲聊着,但是到了约定时间,领导和两个同事还没到。

王伟看了看时间,感觉总不能让其他人干坐着吧!于是,他站起来说:"还有两三个人没到,估计是因为堵车才晚了一会儿,我们一边点菜一边等吧!"期间,他走出包间,给两个同事打电话询问情况,片刻之后两个同事也到了,只剩下领导未到。而这时,菜已经上齐。

王伟笑着征求大家的意见："我刚才与领导联系了，领导说还有十来分钟就到。大家看看，是等一会，还是……"其实，王伟并未与领导打电话，因为他知道领导为了显示自己的地位，通常都会晚到一会儿，自己绝不能催促。同时，他并没有直接说"领导还没有到，我们等一会儿吧"，这样会让同事们觉得王伟只会拍领导马屁，忽视了自己。见王伟如此说，同事们都笑着说："等一会儿吧！""是啊，领导还没到，我们就动筷，这不礼貌！"

果然，不到十分钟，领导便到了。大家都与领导打招呼，王伟也拿上菜单，让领导加几个菜。就这样，这次聚会大家相聚甚欢，没有因为有人迟到而令场面尴尬。

所以，请客吃饭时若是有人迟到，我们需要掌握说话、做事的技巧，同时还需要具体问题具体分析。说出高情商的话，并且巧妙地应对各种情况，自然就顺利解决问题了。关于请客吃饭时，有人迟到等不等的问题有以下几点需要注意。

第一，领导或重要客户迟到，要耐心等待。

商务宴请时，如果其他客人都到齐，领导或重要客户还没到，那么就需要耐心等待。其实，其他人心里也明白，对于领导来说，不等是不礼貌的；而对于重要客户，目的是谈成生意，自己是陪客，自然不会因为等待而不满。

当然，作为请客人，如果领导或客户迟到超过30分钟，那就需要主动询问，看是否出现其他情况。如果领导短时间到不了，或是客户故意为难，那就没有必要等下去了。

第二，征求大家意见，给予大家尊重。

同事或朋友间聚会，大部分人都到了，只有两三个人没到。这个时候最好这样说："我们是等一会儿，还是先开始？""要不我们先开始？"这个时候，一般大家会说"还是等会吧"。

若是你不问他人意见，直接说："哎呀，×××和×××还没到，我们再等一会儿吧！"一等再等，其他人就会想：原来人家才是主客，我们是陪客，因此就会心生不满。

第三，如果是商业洽谈，要及时联系。

如果是商业洽谈，对方不知什么原因迟到，我们就应该及时电话联系，问清楚原因。如果对方不能给出合理解释，那么合作就没有继续的必要了。因为商业洽谈是正式的公司活动，对方没理由的迟到，说明对我们不尊重，既然如此，我们也没必要再信任对方了。

第四，视时间长短而定。

普通的请客吃饭，我们应该视迟到时间长短来确定等还不等。如果对方提前打来电话，说路上堵车，会迟到几分钟，那么可以向大家说明情况，接着等候。我们也可以主动打电话，若是对方迟到时间比较短，可以等一会儿。

可若是个别人迟到太久，或是习惯了迟到，那就不必等了。

第五，对于关系比较好的同事或朋友，可以不等。

如果迟到的人是与我们关系比较好的同事或朋友，可以电话催促一下，也可以不必等候。

52.品茗的学问

中国茶文化源远流长，以茶待客也是流传几千年的传统方式，泡茶、敬茶、喝茶都非常讲究礼仪与规矩。虽然不是每个人都要懂真正的茶道，但是必须做好功课，注意敬茶与喝茶的细节，避免失礼。茶礼仪在茶室、办公室适用，在商务餐桌上同样适用。

很多年轻人不喝茶，更不懂茶文化与茶礼仪，结果出了洋相，会令在场人员不满。秦凯是公司老板的秘书，时常陪老板参加各种商务宴请，经过两三年的学习与锻炼，也成为沟通交际的高手。每次参加宴请或是组织宴请，他都能应付自如、周到细心，所以深受老板的喜爱。

一次，老板宴请一位重要客户，这位客户喜欢喝茶，于是老板吩咐秦凯准备上好的龙井和茶具。客户与老板入座后，秦凯立即准备泡茶，可从泡茶开始，秦凯就犯了好几个错误。取好茶后，秦凯拿起服务员刚端上来的开水就要沏茶。这时，客户说："小秦，泡茶可不能用开水，水温太高会破坏茶叶中的养分，并且使得茶味略苦涩。水温70℃~80℃才正好，沏出的茶会很香。"

好在秦凯在类似场合磨炼过,没有让场面很尴尬。他立即笑着请教:"××总,您肯定对茶道颇有研究,不像我们年轻人不喝茶,也不懂茶。"

这几句客套话让客户很受用,对秦凯说:"我喜欢喝茶,所以平时也略做研究,可以给你指点一二。"

老板开口说道:"××总,您太谦虚了,谁不知道您深谙茶道。小秦,你还不向××总请教请教,以后就不会出洋相了。"

秦凯说:"老板说的对。××总,现在水温差不多七八十度,您指点指点我如何沏茶吧!"

接下来,秦凯一边沏茶、斟茶、敬茶,一边向客户请教,而客户也乐于指点……就这样,一场商务会谈愉快地开始了。幸亏秦凯聪明,及时缓解了尴尬。若是遇到不懂沟通技巧的新人,不知道如何扭转局面,那么就可能因为不懂茶礼仪而给客户留下不好的印象。

以茶待客,饮茶品茗,成为现在商务活动的重要环节之一。作为一名商务精英,我们不得不重视茶文化与茶礼仪,在以茶待客时,处处以礼待人,在接受款待时也可以展示出自己的修养。那么,在商务洽谈中,饮茶应该注意哪些规矩呢?

第一,茶具要正规、清洁。

商务洽谈一般在酒店会议室或饭店包间中举行,如果饭店有正规茶具,我们需要吩咐服务员提前准备好,如果没有的话,则需要提前自备。最好不用一次性餐具,更不能用一次性纸杯。同时,茶具必须事前清洗,避免有灰尘、水渍。沏茶前,需要当着客人面用热水烫一遍茶具。

第二，水温不宜太高。

沏茶的水，水温不能太高，最好是70℃~80℃，以免影响茶的香气与口感，同时还可以避免客户不小心烫伤。

第三，浅茶满酒，斟茶需斟七分满。

为别人斟茶，不能斟得太满，所谓"酒满敬人，茶满欺客"，七分满最佳，它表示关怀与敬意。而且，茶水倒七分满，别人喝茶时不至于太烫，也不至于端茶时洒出来。

斟完茶，放置茶壶时，不能让茶壶嘴正对宾客，这是对宾客的不尊重，在有些地域也代表着"你不受欢迎""你赶快离开"等意思。

第四，敬茶时要双手端茶。

为别人敬茶时，应该双手端茶杯，从客人的右方奉上。端茶时，如果茶杯有杯耳，应该右手抓住杯耳，左手托住杯底；如果茶杯没有杯耳，则需双手扶住杯身，或是右手端茶杯，左手拖住杯底；应该右手持壶为宾客斟茶，按照从左到右的顺时针的方向斟茶。

需要注意的是，敬茶或斟茶时应该按照职位的顺序，先给职位高的宾客或年龄长的宾客；如果是职位差不多、年龄差不多，应该女士优先。

第五，及时续杯。

作为宴请的一方，发现宾客喝完杯中茶时，应该尽快续杯。除非宾客明确表示不再续杯，不能让茶杯空太久。若是发现客户杯子里有茶渣，应该重新洗杯，或者换杯。

第六，浓茶待人，及时换茶。

以茶待客时，要用浓茶待人，茶水淡了要换茶叶。不及时换茶，可能让对方感觉主人冷淡,不想尽地主之谊,或是认为主人在下"逐客令"。不管是哪一种情况,这都是不礼貌的行为,很容易引起对方的不满。

第七,饮茶也要有礼。

敬茶有礼,饮茶也应该有礼。接受别人敬茶,应该双手接过来,不可单手接。接受别人斟茶,也要回敬。如果你是领导或长辈,可以用食指在桌上轻弹两下,表示感谢;如果你是同事或平辈,需要用食、中指在桌面轻弹二次,表示感谢。

饮茶时要小口品,不能大口灌;如果茶太烫,或是漂着茶叶,不能用力吹,应该用茶杯盖拂去,或轻轻吹开;饮茶时不能皱眉,否则会让主人误会;饮茶时不可吸烟,因为烟味比较刺激,会破坏品茶的感觉。

53.在家里请客的注意事项

在自己家里请领导、同事吃饭是常有的事情。在家里请客或聚会显得亲切、随意，不像在饭店里请客有那么多规矩。但毕竟是宴请他人，不管是因一些事情请客还是单纯的聚会，都应该讲究一些规矩与礼仪。有礼有节，热情周到，才能增进感情，进一步拉近与领导、同事间的关系。

在家请客，需要注意如何迎客与送客、如何照顾周到、如何安排菜品等。每一个环节都需要用心，否则就会好心办坏事。

孙岭在公司工作五年了，平时与领导、同事们相处很好，谁要是有事都会伸手帮忙。年初，孙岭买了新房，完成了人生中又一件大事，妻子、孩子、车子、房子都有了，人生可算是圆满。一周前，孙岭乔迁新房，同事们都主动帮忙，出了不少力。为表示感谢，并庆祝乔迁之喜，孙岭特意请同事们在家吃饭。

在家请客，可是对被请之人最好的礼遇，领导和同事们都高兴地接受邀请。可是，孙岭却因为太随意，怠慢了几个同事，导致对方心有不满。那天是周六，孙岭和妻子准备好水果、干果、茶水与饮料，备好需要烹饪的食材，便等待同事们的到来。上午10点左右，距离较近的几个同事陆续到达，几个人一边参观新房一边闲聊。很快，领导打来电话，说自己五分钟后到楼下停车场，询问孙岭具体门牌号。

孙岭立即准备下楼迎接，刚到电梯旁就见同事A与同事B从电梯里走出。孙岭立即表示欢迎，然后说："我们家是××号，左转就到了。他们都到了，你们自己敲门进去，我去楼下接一下领导。"说完，没等两个同事说话，他就上电梯了。他为了接领导，怠慢了两个同事——实际上，他完全可以把两个同事迎进门，然后再去接领导。双方都照顾到了，岂不是两全其美？

因为准备的菜品比较多，妻子一个人忙不过来，孙岭接完领导后就进了厨房。这本无可厚非，可出于礼貌，他应该隔一段时间出来招待大家一下。可他一进厨房，就没再出来，把领导和同事们晾在客厅里。而且，饭菜操作时间比较长，让大家等候的时间也有些长。另外，孙岭好像没考虑到大家的口味。饭菜上桌后，孙岭热情地说："来，兄弟们，大家不要客气，吃好喝好！这些菜都是我媳妇的拿手菜，快来品尝品尝！"可事实上，孙岭妻子是北方人，拿手菜是比较油腻的大鱼大肉，而好几个同事是南方人，根本吃不惯北方菜品。

结果，虽然孙岭请同事们在家吃饭，但因为没注意细节，也让几个同事心里有些不舒服。因此，在家请客虽比较随意，但是也不能忽视细节，需要注意以下一些事项。

第一，提前准备。

客人到来前，我们就需要提前做好准备，摆放好餐桌，餐桌上摆放好水果、茶水、小吃等；也可以在客厅茶几上准备这些东西，以便客人聊天。同时，要事先备好菜品，一些凉菜、沙拉、炖菜等可以先做出来，避免等待时间过长。

第二，热情迎接。

请同事或朋友到家里吃饭，我们必须热情迎接，可以到门口迎接，表示欢迎。如果对方提前打电话，也可以到电梯口迎接。迎入家门后，邀请大家在沙发或座椅上坐下，请大家先吃一些小吃、水果，或是倒上茶水。

第三，不能只留客人在客厅。

作为主人，应该留下来陪客，不能只留下客人在客厅。如果家人需要帮忙，可以暂时帮一下，不能长时间不露面。

第四，菜品要丰盛，符合客人口味。

在家请客吃饭，饭菜不能太少、太单一。中国传统的请客讲究丰盛，不管在饭店还是在家都是如此。在不浪费的前提下，菜品越多、越丰盛，表明主人越热情、越重视客人。同时，要事先了解客人的口味与喜好，不可犯了客人的忌讳，也不可按照自己的喜好来安排。

第五，客人没吃完，主人应该陪着。

请人吃饭，就应该尽地主之谊，陪好客人。所以，在客人没吃完之前，主人不应该先放筷，因为主人放筷了，客人就不好意思再继续吃了，而且主人先放筷，也是不礼貌的行为。

第六，送客也要热情周到。

送客与迎客一样，也需要做到热情周到。吃完饭之后，应该请客人喝喝茶、聊聊天。同时，主人也要陪同，不能让客人自己坐着，这是很不礼貌的行为。送客时，最好送到电梯口，或是送到楼下，不能客人一出门，你就在家里关上家门。

54.就餐时必须注意的礼仪细节

吃饭是我们每天都进行的事情，一个人在家吃饭，不管怎么吃都没有关系。但是与其他人一起吃饭，或是参加宴请，那就不一样了。我们必须要讲究一些细节性的礼仪要求，避免做出失礼的行为。当然，宴请的规格越高，细节的要求也就越高。这些小细节，反映出一个人的修养。别人可能因为你的一个小细节做好了而对你赞叹有加，认为你是优雅得体的人，也可能因为你的一个小细节没做好而对你心生反感，觉得你是一个没修养的人。

胡丽丽第一次参加公司年会，高高兴兴地与部门领导、同事们坐在一起。因为公司业绩非常好，年会在一家大酒店举行，菜品也非常丰盛，尤其是地道的海鲜套餐让大家都垂涎欲滴。

胡丽丽自然也不例外，她是一个刚毕业的大学生，自然没出入过大酒店，也没参加过这样盛大的宴会。于是，她决定一次性吃个痛快，同事们聊天、做游戏，她都不参加，一直低着头吃。坐在她旁边的同事好心提醒她，她却说："我没什么可聊的，也不会做游戏，我一个人吃些东西就行了。"接下来，她就盯着海鲜套餐，把自己没吃过的鲍鱼、螃蟹、三文鱼、龙虾夹了好多，完全不顾别人。本来鲍鱼和螃蟹是按照人数配备的，结果她一个人就吃了好几个。

胡丽丽认为大家都在聊天、做游戏，没人在意自己。可事实上，她的一举一动都看在其他人的眼里，她的行为已经给领导和同事们留下了不好的印象。

在商务活动中，新人或不善言辞的人保持低调，不积极参与交流，这本无可厚非。遇到自己爱吃或没吃过的东西，想要多吃一些，这也是正常的。但是，做什么事情都需要分清场合，在公开场合我们就必须注意礼仪，尤其是礼仪方面的细节要求，不能为所欲为。就算再不爱说话，也需要做出回应，倾听或点头、微笑都可以。就算再爱吃或没吃过某个东西，也要控制自己，不可做出失礼的行为，否则的话，得不偿失的只能是自己。

就餐时需要注意那些礼仪细节呢？

第一，用餐前要擦手。

现在很多餐厅与饭店会为客人准备一次性餐巾或是消毒湿毛巾，用餐前我们需要先擦手，然后把餐巾或湿毛巾整齐地放在手边，不能胡乱地丢弃在餐桌上或地上。

吃虾、螃蟹等海鲜后，也需要擦手，并且注意不乱丢纸巾。

第二，夹菜要文明。

等到服务员把菜品放好，领导或主宾动筷之后再动筷，不能过于着急，更不能眼睛一直盯着。夹菜不能只盯着自己喜欢的菜，把菜都夹到自己面前，而应该考虑到别人。等转台转到自己面前才夹菜，不能伸长胳膊去夹左右"邻居"面前的菜。不能一次性夹菜太多，更不能在盘子里挑挑拣拣。

第三，细嚼慢咽，不能狼吞虎咽。

用餐时，要小口小口地吃，细嚼慢咽，不能大口大口地塞进嘴巴，更不能狼吞虎咽。

第四，餐桌上不能发出不必要的声音。

吃饭不能"吧唧嘴"，不能发出很大的动静，不能一边嚼东西一边说话。同时，不能当众打嗝，若是止不住打喷嚏、咳嗽，必须转过头，用餐巾挡住嘴巴，同时要说"对不起""不好意思"之类的话。

第五，不能把骨头、鱼刺直接吐在餐桌上。

不管什么样的宴请，总是少不了鸡、鸭、鱼、肉、海鲜等有骨头、刺之类的菜品。吃饭时，应该用纸巾把这些残渣、骨头包起来，放在自己手边，而不能直接吐在餐桌上，更不能直接扔地上。在南方一些地区，碗是用餐的，餐盘是盛放残渣、骨头的，我们可以把它们放在餐盘里。

第六，不能当众剔牙。

在饭桌上，不能当着别人面用牙签剔牙，更不能直接用手指剔牙，这是很粗俗的行为，对别人非常不尊重。如果必须要剔牙，需要转过头，用手或餐巾纸挡住嘴巴。

第七，适时与别人交谈，不能只顾着吃饭。

商务宴请的重点是沟通交流，不是吃饭。参加饭局时，要适时与别人交谈，参与话题的讨论，别人说话要回应，别人说笑话要做出反应。不能只低着头吃饭，也不能贪杯把自己灌醉。

55.餐桌上最令人讨厌的行为

不管是生活中还是职场上,我们都无法摆脱吃饭的宴请,无法摆脱应酬与交际。人们常说,"饭局上见修养,饭局上见人品",这一点都没错。通过在餐桌上的表现,人们就可以知晓你是怎样的人,修养与人品怎么样。

所以,不管是参加朋友的聚餐还是与客户或同事应酬,我们都应该做到大方、得体、有修养,不可做出令人讨厌的行为,说出令人反感的话。可似乎很多人在餐桌上"不拘小节",有时喝几杯酒后便不知道自己是谁、不知道自己在哪了。他们自以为善交际、懂应酬,自认为谈笑风生,其实言谈举止都不招人喜欢,甚至被视为最糟糕的人。

小俞是一位业务员,工作中干劲很足,也有事业心,每天都积极拜访客户,向客户介绍产品、赠送样品。可市场竞争大,业务不好开展,很多客户都说了解了解,之后再没下文了。经过上司点拨,小俞明白业务大多都是在非正式场合中谈下来的。于是,他也开始请客户吃饭,希望通过宴请拿下订单。可是,因为不熟悉餐桌规矩与礼仪,小俞的一些行为并没给客户留下好印象,自然订单也就泡汤了。

因为小俞太急功近利了,还没有客套几句,就开始向客户推销产品,希望客户能签下订单。虽然客户知道小俞请客吃饭的目的是订单,可是如此迫切的行为还是令客户反感。好几个客户参加了小俞的宴请后再也没接过他的电话。后来,小俞又请教了上司,这才改掉一开始就谈生意的坏习惯。

可以说,商务宴请可以联络感情,但是饭桌上不良的行为也可能弄巧成拙。参加或组织商务宴请时,我们应该注意一举一动,不要做出令人讨厌的行为。除了以上我们所说的行为,以下这些行为也很容易招人讨厌。

第一,过于挑剔,对于服务人员不友好。

很多人自以为高人一等,习惯挑剔人、挑剔事,比如挑剔餐厅的环境不好、菜品不地道、服务不周到,甚至对服务员呼来喝去。这样的行为最令人厌恶,显示出一个人品性不好、修养不高。

第二,反客为主。

商务宴请中,有主人,有宾客,虽然主人以宾客为主,但是宾客不能反客为主,以主人的姿态点菜、说话。同时,宾客有主次之分,有人是主角,有人是配角。如果自己不是主宾,那么就需要低调,不高谈阔论,不过于活跃。如果抢了主角的风头,只会招人反感。

第三,拼命劝酒。

作为主人或是陪客,为了显示热情,会劝客人吃好喝好,这都是人之常情。但如果是拼命劝酒,非要把人灌醉,或是非要为难别人,就很不招人喜欢。尤其是有女士在场的情况下，非要劝女士喝酒，就更显得修养不高了。

第四，公开讨论别人，或是说人坏话。

在同事聚餐或商务宴请中，有些人习惯对其他同事或竞争对手评头论足，甚至借故指责、嘲讽对方，以达到自己的目的。这种行为只是小聪明，对于这样的人，没有人愿意接近，因为人们不知道之后被议论或指责的人会不会是自己。

尤其是商场上，批评和诋毁竞争对手更是没有商业信誉的表现，很难赢得他人的信任。

第五，势利眼，捧高踩低。

很多人比较势利，喜欢拍领导的马屁，不愿意搭理同级的同事。在朋友聚会时，喜欢奉承有钱、有权、有事业的人，看不起平凡普通的人，甚至会刁难和嘲讽后者。这样的行为令人厌恶，这样的人也没人愿意深交，人缘会越来越差。

第六，不说话，只顾着吃。

不管是朋友或同事聚会还是参加饭局，只顾着吃，不说话，不参与讨论，都不会给人留下好印象。尤其别人放下筷子聊天，或是饭局已经到了尾声时，你还一直埋着头吃，那就很尴尬了。

朋友或同事聚餐，不是为了吃饭，而是为了联络感情。而参加商务宴请，目的则是应酬或是洽谈。你只顾着吃，那就本末倒置了。

第七，就餐一结束就离开。

饭局结束后，人们会交流或闲聊一会儿，所以参加宴请的人一般都不会立即离开。匆匆忙忙而来，匆匆忙忙而走的人，很不尊重宴请者或组织者，如果所有人都这样不懂礼仪，主人岂不是很尴尬？

图4-7 饭局上的不良行为

56.热情过度也是一种伤害

职场聚会或商务宴请中，有些人为了拉动现场气氛，体现自己的热情好客，会积极说话，照顾其他人，还会斟茶递水、夹菜。这个行为很常见，也是商务礼仪的一种表现。但是，如果热情过了度，对于客人来说可能就难以接受了。

就拿夹菜来说，如果不考虑别人的想法，过于热情地给人夹菜，那只会让对方感到难堪。很多人不喜欢给别人夹菜，也讨厌别人夹菜给自己，一是卫生问题，一是口味问题。而且你给我夹，我给你夹，全程都在客套，做表面功夫，完全忽视了真正的交流，这也让人尴尬和不舒服。

在公司聚餐会上，徐明亮正准备夹面前的蔬菜，身边的同事却给他夹了一块口水鸡。徐明亮不能吃辣，但是碍于情面，还是说了声"谢谢"。同时，他觉得夹菜如同敬酒一样，需要礼尚往来，别人给你夹菜，你也应该回敬一下。于是，他也给同事夹了一块鱼肉，客套地说"这个味道不错"。

本以为这就过去了，可没想到，那位同事过于热情了，一会儿给徐明亮夹菜,一会儿帮他倒茶水。这那位同事一边"细致周到"地照顾徐明亮,一边说:"这个饭店我经常来,这些菜都非常地道,你多吃一些!"徐明亮客气地说:"好的,好的。我自己来,你不用照顾我了!"可徐明亮的拒绝似乎不够直接,同事仍然不断给他夹菜、倒水,徐明亮也只能不断地回敬。

结果,一场聚会下来,徐明亮感觉很累,也没有吃好。他不明白:轻松地吃吃饭、聊聊天,不好吗?为什么这个人这么爱做表面文章呢?

事实上,这样的人并不少,当然在餐桌上也不是很受欢迎。要知道,在应酬交际场合,我们确实需要热情周到,照顾身边的人,尤其主人更要如此。但是,如果热情过了度,过于在意表面功夫,那么不止不受人欢迎,反而让人倍感困扰。换句话说,餐桌上要处处讲礼节。但是在也要尊重其他人的个人空间,说话做事都不过度,才是最大的礼貌。

那么应该如何做,才不会越线过度呢?

第一,夹菜不要太热情。

请客吃饭的时候,过于热情地给客人夹菜,或是向客人敬酒,其实不一定是好事。因为现在讲究适度热情,频繁夹菜,或是夹菜太多,反而会让对方尴尬。同时,没有征得别人同意,主动给别人夹菜,带有强迫的性质,不尊重对方的习惯会让对方陷入尴尬。吃了,自己难受;不吃,又不礼貌。

第二,尊重他人,不强人所难。

很多人对于个人卫生很注重,有严重"洁癖",特别怕别人碰自己东西，更抗拒别人给自己夹菜。如果一些人对你夹的菜非常抗拒，比如眉头紧锁，或是一口不吃，那么你就必须立即停止，否则就会招来反感。

第三，听取他人的意见，不忽视他人的禁忌。

很多人在饮食上有禁忌，除了口味的问题，还有身体过敏、宗教信仰等问题。如果对方对海鲜过敏，说不敢多吃，你仍以为对方是客套，主动给人夹海鲜，那么就会让人很为难。

第四，不做表面功夫。

在餐桌上，为了做表面功夫，不断给别人夹菜，那不是热情，而是虚伪。这样的行为不会招人喜欢，反而让人觉得心累。同样，当热情变成表面功夫，那么它就变了质，自然也得不到别人的真诚反馈。

57.参加商务宴请提前离开怎么打招呼？

不管是普通聚会还是商务宴请，不迟到、不提前离场都是最基本的礼仪。迟到与提前离场，是对请客人和在场所有人的不尊重。但是，凡事有意外，若是家里或公司发生紧急的等事情，不得不赶过去处理，那我们就必须提前离开了。

这个时候，是否需要打招呼，如何打招呼就是一个考验我们礼仪的问题。事实上，提前离开是可以的，但是需要做得大方得体，不让自己尴尬，也不让其他人感觉你很失礼。如果是同事们聚会，有领导在场，你又不是很重要，那么只需和领导打声招呼，然后悄悄离开就可以了。如果是商务宴请，有领导与客户在场，那么就需要向领导请示，等领导同意后，向客户道歉，并解释清楚原因，那么也不会引起领导与客户不满。所以，提前离开需要注意场合与自身身份，按照场合和自身身份来选择如何打招呼。若是做法不恰当，那么就会给自己招来麻烦。

向前能力不错，在一家广告公司工作，但是因为年轻气盛，不懂饭上的规矩，所以吃很多亏。一次，领导带他参加客户的宴请，向前不太习惯这种场合，且不胜酒力，如坐针毡，想要赶紧离开。

这时，与向前一起租房子的室友打来电话，说厨房水管爆了，厨房、客厅都是水，希望他能赶回去帮忙。向前赶紧站起来对着领导和客户说："不好意思，我家里有急事，需要赶回去处理。我敬大家一杯，先走一步。"说完，他把杯中酒干了，然后就转身离开了。离开时，向前没发现客户满脸尴尬，而领导则脸色铁青。

第二天，向前被叫到办公室，被领导劈头盖脸痛骂一顿，领导生气地说："不懂规矩，太把自己当回事！你真的让我和公司丢尽了脸！"之后领导对向前态度大变，没有再带他参加过商务宴请，工作上也只交给他一些简单的事情，显然把他晾在一边。后来，向前觉得再待下来也无趣，于是就主动辞职了。

其实，向前如果能了解一些餐桌规矩和礼仪，恐怕也不会有这样的结果。与领导参加客户的宴请，向前是配角，不太重要，家中有急事，完全可以提前离开。不过，他需要向领导请示，说明自己的困难，相信领导不会阻止他离开。之后，他可以按照领导的指示向客户打招呼，或是找个理由私下离开就好了，完全没必要大张旗鼓。不是重要的人，突然高调地道别，真的会让领导和客户都尴尬不已。

那么，如何恰当且有礼貌地提前离席呢？离席时又该怎么打招呼呢？

第一，朋友或同事聚餐，大方打招呼，并解释原因。

参加朋友或同事的聚餐，属于私下的、非正式的宴请，如果有急事要提前离开，那么最好大胆地站起来打招呼："对不起，本来还想和大家聊聊，喝个尽兴，但是家中有急事，我妻子实在应付不了……这样，我自罚一杯，你们吃好喝好！"说完之后，大方离开，相信朋友和同事也不会在意。

第二，工作上的宴请，必须向领导请示，把决定权交给领导。

参加工作上的宴请，如果是主要陪同人员之一，需要提前离开，必须悄悄向领导请示。领导同意后，需要向客户道歉，然后才能离开。如果不是主要陪同人员，也需要向领导请示，得到同意后，可以找个合适的时间自行离开。但是，不能在别人站起来讲话时，或是别人敬酒时离开，这是非常不礼貌的。

第三，要低调，不要太高调。

如果你不是领导或是最重要的宾客，那么就不能太高调。不能像向前那样，把自己太当回事，大声喊着有事要离开。也不能与其他人一一道别，更不能离开之前给每个人都敬酒。

第四，行动要快，不能拖泥带水。

不管是与朋友同事的聚会还是工作上的饭局，如果已经说，那就马上离开。不能说了离开，却拖泥带水，与这个说两句，与那个再喝一杯。

第五，如果你是主人，可以找好代替的人。

原则上来说，主人是不能提前离席的，否则是对宾客最大的不尊重。但如果情况特殊，有非常重要的事情必须你亲自解决，那么就应该找到替代自己的人，让他来担任主人的职责。如果是领导的话，可以找自己的副手，让副手代替自己招待客人。

第六，有领导在的普通聚会，千万不能一一道别。

在聚会时，如果有领导在场，需要先向领导说明情况，然后再与大家道别。千万不要忽视领导，更不能一一道别。

提前离席如何打招呼
- 朋友或同事聚餐 —— 大方解释原因
- 工作宴请 —— 请示领导
- 如果你是主人 —— 找好代替者

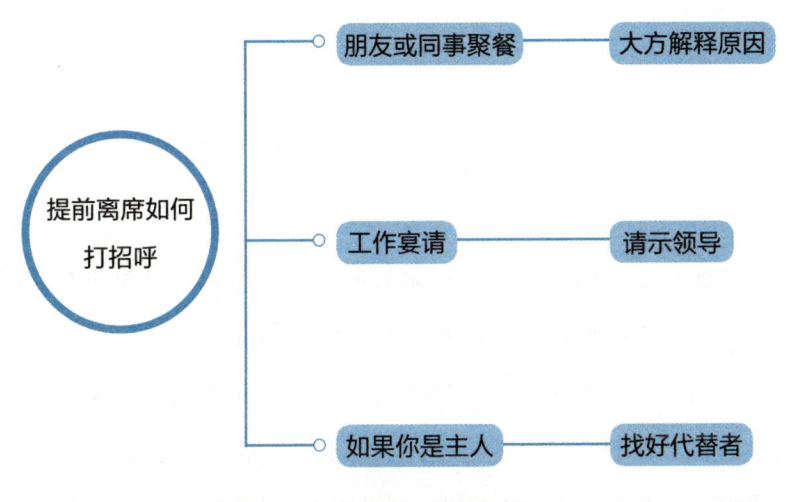

图4-8 提前离席，如何打招呼？

58.结账的艺术

聚会或宴请结束之后,结账是最后一个环节,也是不可忽视的一个环节。中国人有些时候喜欢抢着结账,不管是真心还是假意,都会抢着自己结账。可事实上,这样的行为并不好,尤其是商务宴请上。所以,这要求我们能懂得结账的艺术,不出现抢着结账尴尬局面。

同时,在商务宴请上当着客户结账,或是临走才结账,让客户在一旁等候,也是非常不恰当的。凡是懂得商务宴请礼仪的职场精英,都懂得在就餐差不多结束时私下把账单结好,但一些年轻人似乎并不懂这方面的规矩。

杨明年纪轻轻就烦人公司经理助理,做事细致认真,工作也勤勤恳恳,但是有点"一根筋"。经理认为这不是弱点,有时还是优点,所以对他也很器重。但是有一次商务宴请,才让经理发现这杨明的"一根筋"有时候真的很令人头疼。

那次是经理宴请一位大客户,这位大客户对公司非常重要,如果能谈成继续合作的协议,公司业绩就有保障了。于是经理特意预约一家非常出名的海鲜酒楼,席间,经理与客户聊得很高兴,气氛非常好。

饭局快结束时，经理小声让杨明去结账。

谁知杨明竟然把服务员叫到包间，服务员当着众人的面微笑着问："请问，咱们是需要结账吗？"

经理和客户都愣住了。客户先反应过来，说："我来吧！"

经理立即站起来，说："××总，哪能让您破费？！我邀请您来聊聊，就是为了感谢您这些年对我和我们公司的信任与支持，您就给我这个机会吧！"说完，经理对杨明说："你快出去和服务员去把账结一下！"

杨明这才到前台去结账。可不一会儿，杨明却把账单拿了过来，并且一项一项地检查，还念念有词地说："嗯，这个菜上了。这个菜……"

经理立即打断他，然后对客户说："××总，您的车停在哪里？我送您过去！"说着便陪着客户走出包间。

这场宴请，杨明在结账这一环节犯了两个错误：一是当着客户结账，二是仔细核对账单。好在经理只是批评了他，并且教他一些商务宴请的礼仪与饭局规矩。若是遇到其他上司，恐怕杨明的职位就难保了。

结账也讲究规矩与艺术，要让领导与客户满意，取决于情商。

结账时需要注意的那些技巧呢？

第一，最好提前到前台结账。

商务饭宴请中，如果与领导一起参加，最好提前到前台结账。比如在宴请差不多结束时，借口催菜、上洗手间，然后悄悄把账单结了。

第二，不让领导当面结账。

宴请客户时，最好不要让领导当面结账。这会给客人一种误解——连结账这点小事都让领导去做，这个公司的管理肯定不行。同时，这也会让领导感觉没面子。这个问题我们之前已经谈过，这里需要重点说一下。

第三，礼貌地对待服务员，不急躁，不无理取闹。

与朋友或同事聚会，需要礼貌地对待服务员，轻声说："你好，请帮我们结账。"不要大声喊叫，不要着急。如果服务员比较忙或是没听见，可以稍等一两分钟，也可以主动到前台结账。

第四，如果领导主动结账，要大方地接受。

公司聚餐或是庆祝签单，领导主动表示要请客，我们只需要大方地接受，然后表示感谢。不能说"怎么能让领导请，我来吧""我们说好了AA，可不能让领导请客"，这只会让领导觉得没面子，同时让同事们认为你是在拍马屁，两边不讨好。

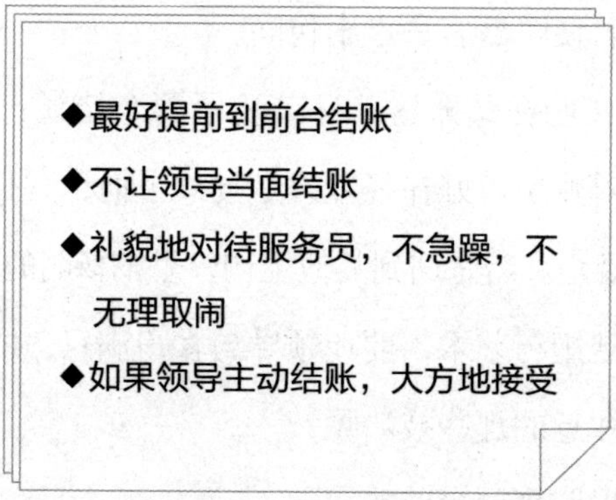

◆ 最好提前到前台结账
◆ 不让领导当面结账
◆ 礼貌地对待服务员，不急躁，不无理取闹
◆ 如果领导主动结账，大方地接受

图4-9 结账的技巧